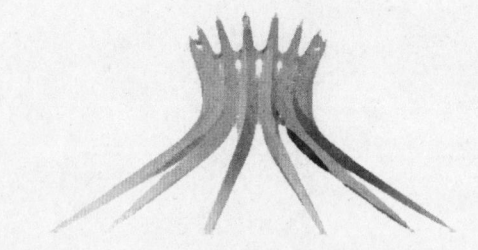

Luz e Trevas
NOS TEMPOS DE JUSCELINO

Impresso no Brasil, agosto de 2002
Copyright @ 2002 by Hermógenes Príncipe

Os direitos desta edição pertencem à
É Realizações Ltda.
Caixa Postal: 45321 · 04009 970 · São Paulo SP · Telefax: 5572 5363
e-mail: e@erealizacoes.com.br · www.erealizacoes.com.br

Editor
Edson Manoel de Oliveira Filho

Capa e projeto gráfico
Shadow Design

Preparação de originais e revisão
Tereza Maria Lourenço Pereira

Foto da capa
Nehil Hamilton/CBPRESS

Fotos do miolo, 4ª capa e orelha
Coleção particular do autor

Impressão
Ipsis Gráfica e Editora

Reservado todos os direitos desta obra. Proibida toda e qualquer reprodução desta edição por qualquer meio ou forma, seja ela eletrônica ou mecânica, fotocópia, gravação ou qualquer meio de reprodução, sem permissão expressa do editor.

Hermógenes Príncipe

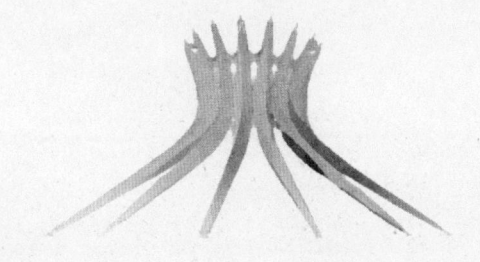

Luz e Trevas
NOS TEMPOS DE JUSCELINO

Análises e Propostas para a Atualidade Brasileira

com prefácio de Pedro do Coutto

REALIZAÇÕES

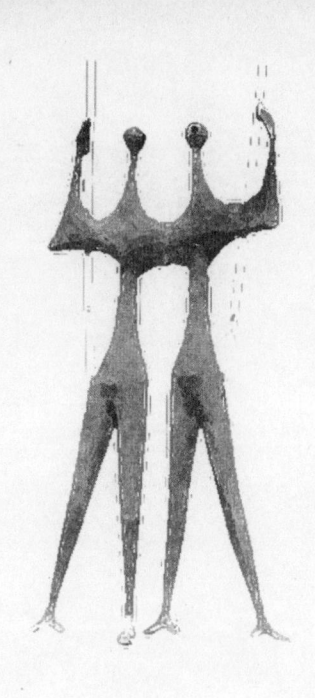

*À minha família,
muito especialmente aos meus netos
Hermógenes, Carolina, Cândida, Úrsula,
Michaela, Nicholas, Jonathan, Catherine, Sofia
e aos bisnetos Felipe e Pedro.*

Agradecimentos

*Aos amigos
Paulo Mercadante, Gilberto Paim, Lafayete do Prado e
ao jornalista Newton Rodrigues, por terem me incentivado,
junto com muitos outros, a realizar este trabalho.*

*À minha amiga Nidia Elyas e a Valdo Viana,
por sua colaboração.*

Sumário

PREFÁCIO
Juscelino, um vulto na História 13

PRÓLOGO
"A História é a mestra da vida..." 19
Sob as árvores, o apelo dos amigos 20

1. JUSCELINO, UMA ALVORADA DE ESPERANÇA
"Deus me poupou o sentimento do medo..." 23
Momentos importantes do período presidencial 29
A nova Capital e a Rodovia Belém–Brasília 38
Inauguração de Brasília 39
Operação Norte-Nordeste 41
A promoção de Castello Branco e Mourão 44
Em defesa do desenvolvimento 45
A frase de Juracy 50

2. AS TREVAS, DEPOIS DE JUSCELINO
A sucessão de JK 51
A posse de Jânio 55
A renúncia de Jânio e a posse de João Goulart 59
A candidatura de JK e a convenção do PSD em 1964 64
Conversações com Goulart 65
Situação internacional e reforma política 68
Ponderações sobre 64 70

3. Bastidores Revolucionários

A sucessão de Jango: a Revolução de 1964 73
Desdobramentos e confidências 76
A cassação de Juscelino 79
Discurso do deputado Nelson Carneiro 80
A sucessão de Castello e a posse de Costa e Silva 82
Exposição sobre a situação nacional em 1967 87
A eleição de Médici 90
Indicação para a Bahia 95
A morte de JK 97
Outras observações: a morte de JK 104

4. Efervescências Políticas

A Frente Ampla 105
Relax em Portugal 111
A Frente Parlamentar Nacionalista 112
Negrão de Lima e a volta de JK 114
Carlos Lacerda, demolidor sem limites 116
Leonel Brizola e os feitiços de Golbery 117
A transição democrática 119
Outras observações: a ascensão de Sarney à presidência 120

5. A Vocação Política

Sobre o Bem Público 121
Visão municipalista 123
Particularidades pessoais e políticas 124
Momentos difíceis no sertão 127
Conversações com Otávio Mangabeira 131
Um gesto amigo 134
Uma reunião com a classe artística 135
"Essa revolução já fracassou..." 136

"A culpa é do governo..." 136
Por que não fui cassado? 138
Conhecimentos importantes 144

6. Outros Fatos da Vida Política

Nos tempos de Arthur Bernardes 147
Fatos leves 149
Hóspede ilustre em Nova York (1957) 151
Pela concórdia entre judeus e palestinos 151
Momentos getulianos 152
Getúlio visita Minas (1954) 155

Conclusão

Fé inabalável na democracia 157

Anexos

1 As cartas de Juscelino 163
2 Uma carta para Juscelino 175
3 Em defesa do desenvolvimento brasileiro 177
4 A defesa de JK 191
5 Impressões de uma viagem à Polônia e à URSS (1959) ... 197
6 Política de controle da natalidade 217

Juscelino Kubitschek

Prefácio

Juscelino, um vulto na História

Juscelino Kubitschek foi, sem dúvida, o grande homem do sim de um país que era do não. Nada podia dar certo: eis o inconsciente coletivo que ele encontrou em janeiro de 1956. Mudou a face, a atmosfera, o rumo da História. O Brasil passou a acreditar em si mesmo, era outra Nação em janeiro de 1961, crepúsculo dos Anos Dourados. Melhor nome para a sede do governo, em Brasília, não poderia ser encontrado: *Alvorada*. À frente da Alvorada da época, esteve um presidente que provou ser possível projetar e realizar grandes metas, grandes obras, atuar na realidade, transformando-a para melhor. O Brasil era um antes, passou a ser outro depois de JK, que modernizou, impulsionou, finalizou, industrializou a Nação.

Juscelino encontrou uma potência instalada de apenas 3 milhões de quilowatts; deixou 5 milhões de quilowatts. Construiu Furnas, a segunda estatal brasileira, que hoje abastece quase 70% de nosso Parque Industrial; sem energia, era impossível industrializar. Encontrou a Petrobras produzindo 5 mil barris por dia; deixou-a com 100 mil barris.

Encontrou somente mil quilômetros de rodovias pavimentadas; deixou 12 mil quilômetros. Implantou e colocou em funcionamento a indústria automobilística, a indústria naval, a indústria de máquinas operatrizes. No seu tempo, não havia computador no Brasil, muito menos informática. Mas os resultados aí estão e pertencem à História.

A cada ano que passa, mais cresce o vulto de JK: o contemporâneo do futuro, como o definiu Paulo Pinheiro Chagas, do PSD de Minas Gerais, companheiro, na Câmara Federal, de Hermógenes Príncipe, PSD da Bahia – autor deste belo e fundamental livro, que se torna um documento de hoje para sempre –, definição infinitamente mais ampla assim do que a emblemática, certamente, e mais contida presente num discurso de 1959.

Política é esperança, disse-me um dia Juscelino, em entrevista que com ele fiz em sua casa, no Rio de Janeiro, para o antigo *Correio da Manhã*, o monumento da imprensa que desapareceu na névoa do tempo. Estávamos no ano de 1963 e surgia sua candidatura para a eleição de 1965, sucessão que tragicamente não houve, cortada do mapa democrático pelo governo militar de 1964. O Brasil perdeu muitíssimo com tal episódio, sobretudo porque atingiu o único bem irrecuperável da vida humana: o tempo.

Foi historicamente uma conseqüência tanto do desastre do governo Goulart quanto da contradição aberta pelo deputado Leonel Brizola, que queria reformar a Constituição de qualquer maneira. O movimento de 64 tornar-se-ia uma seqüência iniciada quase dez anos antes, quando da imunda tentativa golpista de Carlos Lacerda contra o resultado legítimo das urnas de 1965. Lacerda era um gênio, todos reconhecem, mas não podia perder eleições sem investir contra as posses dos eleitos. Assim foi contra Vargas em 1950, contra Juscelino em 1955, contra João Goulart em 1961, na renúncia do presidente Jânio Quadros, contra a posse de Negrão de Lima no governo da Guanabara, em 1965.

Para Juscelino assumir em 1956, houve necessidade, como ele próprio lembrou ao transmitir o poder a Jânio, de dois movimentos armados – de 11 e 20 de novembro de 1955, quando a Câmara Federal, com o voto de Hermógenes Príncipe, impediu a posse do presidente interino, Carlos Luz, e do presidente efetivo, Café Filho, eleito vice de Vargas em 1950.

O poder político e o poder militar agiram para assegurar a vontade das urnas e a voz das ruas do país. Os generais Teixeira Lott e Odílio Diniz colocaram os tanques em ação. Lott diria, poucos dias depois, uma frase magnífica: *"Foi apenas o toque da ponta da espada para restabelecer as engrenagens democráticas..."*. O equilíbrio político militar de JK está instável, não poderia haver modificação nem quanto a Lott, nem em relação a Denys. O dispositivo não poderia sofrer a menor ruptura. Com tudo isso, os resultados foram extraordinários.

JK, na realidade, tentou romper o impasse entre capitalismo e socialismo por meio do desenvolvimento. O progresso criando riquezas duplicaria, pensava, os bens de grandes empresários e, ao mesmo tempo, multiplicaria por cinco as perspectivas dos assalariados. Estava, penso eu, no caminho certo da distribuição de renda, tanto que o salário mínimo que deixou em 1960, do qual todos os demais salários são múltiplos, foi o mais alto da História do país: equivalente, hoje, segundo a Fundação Getúlio Vargas, a 350 dólares. No momento, infelizmente, não passa de 85 dólares. Deixou um oceano de realizações, que saudade de JK! Construiu tudo alegremente. O final da década de 1950 é inesquecível!

Juscelino só não voltou ao poder por causa do Brizola. Inflado pelo momento altíssimo que viveu no Rio Grande do Sul, garantindo a posse de Jango em 1961 – de quem era cunhado –, o ex-governador queria ser presidente. Para isso precisava mudar a Constituição. Não conseguindo, radicalizou o processo político. Rejeitou ser vice de JK em 1965. Se aceitasse, talvez tivesse chegado à presidência em 1970. Errou profundamente. Detonou-se uma crise, a partir de 1963, que explodiu no ano seguinte. A sucessão de 1965 estilhaçou-se no horizonte. Foi um desastre.

Não são muitas as obras sobre Juscelino Kubitschek, especialmente em face de sua crescente importância no que se refere à análise histórica. Afinal, ele foi, além de tudo, um conciliador das contradições brasileiras: conciliou o desenvolvimento econômico com o imobilismo paquidérmico de correntes que apoiavam o seu governo; conciliou o capital externo com o nacionalismo da época; conciliou a liberdade com a justiça social. Garantiu a democracia.

Integrantes da administração JK, a começar pelo próprio, sustentaram que naquele período o Brasil avançou cinqüenta anos em cinco; acho, sinceramente, que avançou cem anos em cinco. A criação da Superintendência de Desenvolvimento do Nordeste – Sudene, primeiro esforço sério e coordenado para desenvolver esta região, ao lado do processo de industrialização, foi outro salto libertador. O Produto Interno Bruto deu saltos anuais de 7, 8 e 9%, mais que o triplo do crescimento da população. Não faltava emprego, o país caminhava a pleno vapor.

Quanto à morte de JK, em 1976, depois de receber o relatório do perito Montebello – e, agora, ao ler os originais deste livro – convenço-me do acidente na Rodovia Presidente Dutra. No entanto, pela intensidade com que foi tratada a hipótese do assassinato, principalmente pela densidade das sombras em torno do episódio, acredito que uma trama sinistra estava sendo articulada no caminho, na cidade de Resende, entre Rio e São Paulo. Que teria acontecido, então? A meu ver, o acidente impediu o crime: uma história de mistério que Aghata Christie esqueceu de escrever. Ela foi se encontrar na eternidade com JK e ficou nos devendo um desfecho assim.

A respeito de seu governo, escreveram Antonio Houaiss, Francisco de Assis Barbosa e Donatello Grieco, autores de uma ampla sinopse sobre como Juscelino encontrou e como deixou o Brasil, ao entregá-lo a Jânio Quadros. Escreveu magnificamente Cláudio Bojunga, após uma pesquisa de dez anos, dando-nos o admirável *JK, o artista do impossível*.*

A esses livros eternos (como Juscelino) vem se juntar o de Hermógenes Príncipe, mas com uma diferença essencial que me lembra a fantástica seqüência de Orson Welles em *Cidadão Kane*: o personagem não é apresentado sob o ângulo da platéia; ao contrário, é focalizado desde o palco. Bastidores e cenários são assim as visões de dentro para fora, e não, como é usual, de fora para dentro. Hermógenes Príncipe, neste livro magnífico que tenho orgulho de prefaciar, repete Welles. Sua obra conquistará o lugar que merece e que faltava em relação a Juscelino. Vamos ler o livro e viajar com ele, através da História, para o futuro.

Pedro do Coutto

---

* Cláudio BOJUNGA, *JK, o artista do impossível*, Objetiva, 2001.

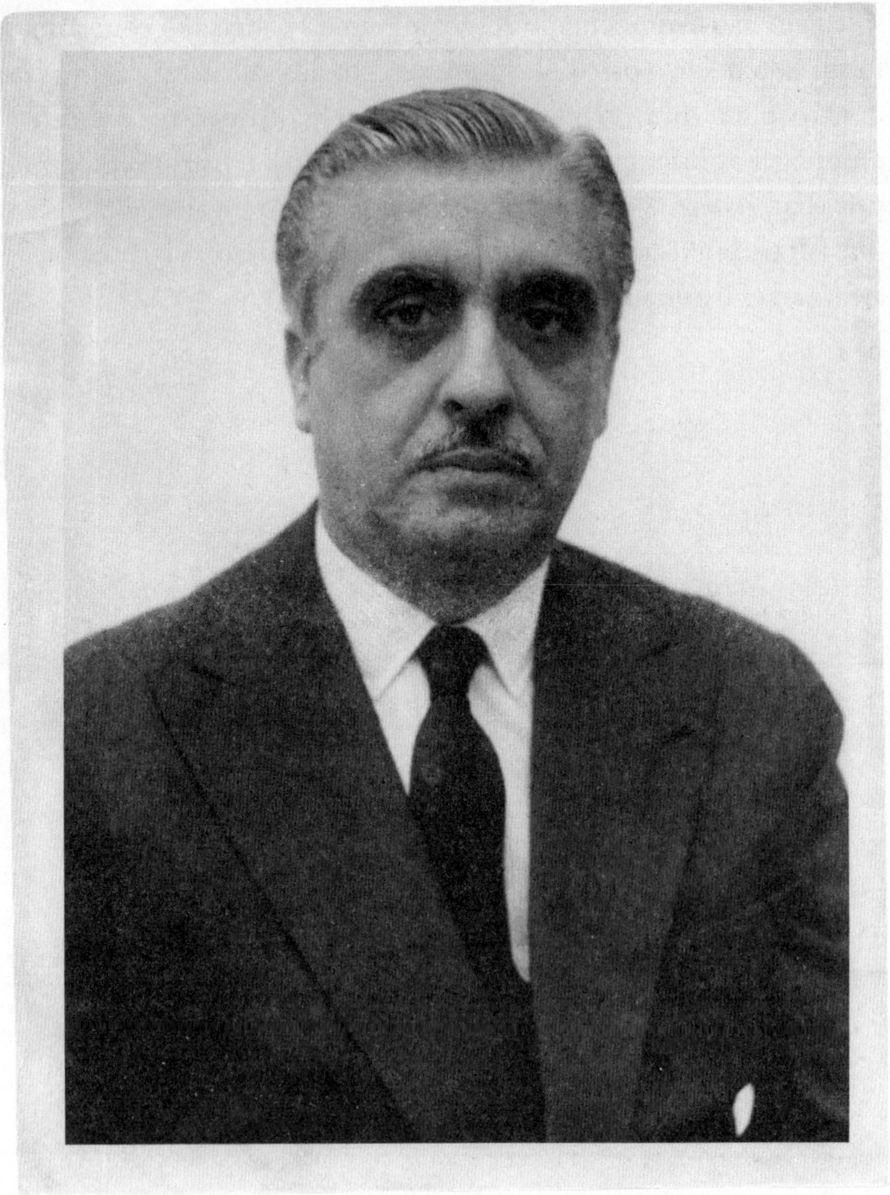

Prólogo

"A História é a mestra da vida..."

Inicio o meu depoimento com a admirável frase de Cícero: "A História é a mestra da vida". Transcorridos mais de dois mil anos, o mais eloqüente dos oradores romanos, autor das célebres "Catilinárias" e das "Filípicas", Marco Túlio Cícero, criou essa frase lapidar, verdadeiro ensinamento imortal.

Já naquela época – quando a palavra escrita era privilégio de poucos, quando os oradores só sensibilizavam os que se encontravam ao pé da tribuna e os meios de divulgação eram os mais precários –, eis que o grande tribuno citava a história como mestra, reportando-se a ela para compreender e fazer compreender "suas lições".

Como me parece atual essa citação! Assim como se destaca em relação ao crescimento e progresso da humanidade, no que se refere à atualidade brasileira ela praticamente se impõe! Naturalmente, vieram-me à lembrança os ataques que hoje se fazem de maneira corriqueira a homens públicos, lançando-lhes difamações e estéreis diatribes. Quantas obras, quantos planos esquecidos, postergados e vilipendiados por aqueles que, sem a capacidade de criar, de construir, se alimentam do monturo das próprias injúrias, cevando-se na baba ofídica de suas palavras, destruidoras do desenvolvimento!

O presidente Juscelino Kubitschek foi o grande marco da vida política brasileira, a ponto de considerarmos nítida a divisão entre o Brasil *antes* e *depois* de JK. Cumprindo uma predestinação, ele soube lutar e vencer os obstáculos que se opunham à frente, ligando para sempre sua obra à história do Brasil.

Sofreu perseguições, as mais injustas, sendo obrigado a sair do país e a viver longe de amigos e familiares que o admiravam. Não obstante, foi o espelho de uma época que refletiu para os brasileiros "um tempo de progresso e paz". O povo assistia, com entusiasmo, à construção de Brasília, ao crescimento da indústria automobilística e naval, à criação da Sudene (Superintendência de Desenvolvimento do Nordeste) e da Sudam (Superintendência de Desenvolvimento da Amazônia), à construção do açude de Orós e da Rodovia Belém–Brasília – e a muitas outras obras que exemplificavam nele o espírito empreendedor e a fé na grandeza do Brasil.

Lembro-me da magistral frase de Churchill, talvez o maior dos estadistas do século passado, ao homenagear os bravos aviadores ingleses que defenderam a Inglaterra dos ataques maciços da aviação nazista: "Nunca tantos deveram tanto a tão poucos". Ouso, agora, parodiar o ilustre estadista: nunca os brasileiros acreditaram tanto em seu país quanto no governo JK e seus colaboradores, muitos deles anônimos, simples operários...

Não conheço um líder na história que, durante a existência, não tenha passado por dolorosos sofrimentos. JK não fugiu a essa funesta regra: o sofrimento emoldurou o grande quadro de sua vida...

Sob as árvores, o apelo dos amigos

Estava reunido com alguns amigos, em nosso sítio na Ilha de Guaratiba, no Rio de Janeiro, quando, após o almoço, sob a sombra frondosa das árvores, conversávamos sobre os muitos assuntos da atualidade brasileira e mundial que se destacavam no noticiário abundante da imprensa e das televisões. Em certo momento, um dos velhos amigos voltou-se para mim e disse: *"O nosso amigo Príncipe vai nos brindar agora com fatos acontecidos nos anos em que atuou na política brasileira e que alguns dos presentes ainda não conhecem..."*.

Não sem alguma resistência, resolvi atender aos apelos dos bons amigos, alertando que eram coisas do passado e que, apesar de interessantes sob o ponto de vista da época em que foram vividas, expressavam o muito que o Brasil mudou para todos os nossos amigos e companheiros, muitos deles dos velhos tempos. Alguns já conheciam, através de conversas anteriores, muitos desses fatos. Os mais novos, todavia, ficaram impressionados com a intimidade por mim vivida junto aos "procônsules" desse período da vida política brasileira.

Ao terminar uns dos relatos, impuseram-me o dever de tornar públicos tais acontecimentos, que consideravam sérios e que necessariamente deviam ser conhecidos dos historiadores e de todos os cidadãos brasileiros. Essa história é "História" e deve ser contada para que todos conheçam os fatos, muitos de bastidores, que irão enriquecer o conhecimento sobre o que aconteceu no Brasil, durante mais de três décadas, começando com o suicídio de Getúlio Vargas até meados do governo do general Figueiredo (1951-1982).

O apelo dos amigos presentes àquele almoço era quase impositivo e já tinha sido reiteradamente feito por outros. Depois de muito meditar, resolvi correr o risco de tornar públicos os momentos muitas vezes difíceis e dolorosos que atravessei, e sobrepujei, com a grande alegria de haver conhecido o grande homem – como o considero e como, tenho certeza, será considerado por todos os brasileiros –, o mais admirado pela grande obra realizada e pelo exemplo de acendrado amor à Pátria: *Juscelino Kubitschek*.

Embora faça registro de diversas passagens de minha vida política entre as autoridades do regime de 1964 – mesmo quando os interlocutores eram presidentes, como Castello Branco, Costa e Silva e Emílio Médici – jamais defendi projetos e favores pessoais, mas sim aqueles que visavam ao estabelecimento de boas condições para uma abertura política. Essa posição, acredito, dava-me autoridade e reconhecimento em relação à minha linha de conduta, que manifestava respeito, consideração e confiança com quem dialogava e estabelecia condições de entendimento, tendo em vista o interesse do bem público e o término do estado de exceção ditatorial.

Não fui cassado, embora tenha sempre pautado as minhas atitudes públicas e políticas pela contestação, apelando para o restabelecimento do Estado de Direito e fazendo franca oposição ao governo militar. Tal atitude, no entanto, jamais poderá ser interpretada como submissão ao regime de 1964, o que facilmente poderá ser apurado em registros de debates e palestras promovidos na TV, em que eu sempre procurava externar livremente minhas opiniões e convicções.

Esse comportamento, que de resto também norteia o espírito deste livro, é uma forma de extrapolar a sombra das árvores e o apelo dos amigos, com o fito de oferecer às novas gerações a compreensão de algumas passagens importantes, testemunhadas e vividas por mim, da vida política brasileira contemporânea.

Junho de 2002.
O autor

1. Juscelino, uma Alvorada de Esperança

"Deus me poupou o sentimento do medo..."

A notícia de um manifesto de coronéis contra a candidatura de Juscelino Kubitschek à presidência foi recebida por ele, em Maceió, minutos antes de se dirigir a uma praça da capital alagoana, onde o esperava uma grande massa popular para ouvi-lo em comício eleitoral programado há semanas. O rádio encarregava-se de difundir a palavra ácida de um punhado de oficiais que sofriam influência da cúpula udenista, envenenada pelo rancor de Carlos Lacerda.

Havia, no entanto, um elemento a insinuar maior preocupação: somente com autorização ou permissão do presidente Café Filho teria sido possível a leitura, na *Hora do Brasil*, veículo do noticiário oficial, do tal "Manifesto dos Coronéis". Seus autores adotavam como pretexto a suposta ameaça de retorno do "varguismo" ao poder, que seria promovido por Juscelino caso ele viesse a ser eleito presidente. Contribuía para essa crença a participação de João Goulart como vice, na chapa de JK. Por esse motivo, os signatários do documento declaravam-se contrários à eleição de Juscelino para a Presidência da República.

A ansiedade que dominava o candidato do PSD o impelia a ganhar o rumo do aeroporto e a retornar, sem perda de tempo, ao Rio de Janeiro com a intenção de se inteirar dos acontecimentos. Decidiu, no entanto, cumprir o compromisso e falar ao povo alagoano. Mesmo assim, permaneceu apreensivo durante todo o discurso. Encerrado o comício, com a massa popular ainda não dispersa, JK logo se retirou para o aeroporto, tomando o vôo a caminho do Rio de Janeiro, onde desembarcou ao amanhecer. Seguiu para a casa de Augusto Frederico Schmidt, que já tinha em seu poder exemplares da edição do *Correio da Manhã*, com a manchete bombástica: "Deus me poupou o sentimento do medo", seguida de afirmações destemidas: "Minha campanha prossegue. Não temo obstáculos de qualquer natureza. Vou para a luta em defesa dos ideais democráticos".

JK assustou-se ao ler as declarações que lhe foram atribuídas pelo poeta, de longa data seu amigo fiel e declarado. E observou, revelando grande apreensão: *"Se a situação não estava boa, agora é que vai se agravar"*.

Ao tomar conhecimento do "Manifesto dos Coronéis", Schmidt havia acampado no *Correio da Manhã*, na época um matutino de opinião nacionalmente respeitada. Conversou então longamente com Paulo Bittencourt, diretor-proprietário do jornal, com quem combinou a resposta a dar àquele punhado de coronéis que não representavam senão um pequeno segmento da oficialidade das três Armas.

Schmidt aguardou, na redação, até que se iniciasse a impressão do jornal, levando para a residência alguns exemplares da edição que continha a declaração altiva e desafiante atribuída a JK. Nesse texto, estava feito um juramento ao povo brasileiro: se eleito Presidente da República, Juscelino comprometia-se a lutar pelas liberdades democráticas, observando estrito resguardo dos direitos constitucionais, em defesa do interesse nacional, contra os que pretendessem alterar a ordem jurídica por meio de golpes de Estado.

JK apoiou todas essas idéias, mas considerou "sua" resposta um ditirambo capaz de desencadear uma grave crise política. Despediu-se de Schmidt e retirou-se para o seu apartamento, na Rua Sá Ferreira, onde o telefone começou a tocar de modo incessante, com manifestações entusiásticas de apoio ao conteúdo e aplausos ao destemor de "sua" resposta aos coronéis. Em vários telefonemas, políticos, figuras de grande prestígio social e militares de alta patente manifestavam-lhe solidariedade, garantindo que a ordem constitucional não seria de modo algum arranhada. Às onze horas daquela manhã, JK retornou ao apartamento de Schmidt e, logo ao entrar, abraçou o amigo, chegando a levantá-lo nos braços, dizendo em altos brados: *"Vamos para frente. Deus me poupou o sentimento do medo..."*.

A torrente de manifestações de apoio desvaneceu JK e despertou-lhe um novo ânimo. Estava radiante ao dizer ao amigo que tinha sido providencial a declaração redigida por ele. Em sua residência, Juscelino começou a receber visitas de militares do Exército, da Marinha e da Aeronáutica. O clima era de júbilo.

Poucos meses depois, realizaram-se as eleições presidenciais. JK foi consagrado como candidato eleito, mas a cúpula udenista assanhou-se em desespero, praticando uma série de artifícios para impedir a diplomação e a posse. Os fatos testemunhavam a má consciência das manobras udenistas. O presidente Café Filho, sucessor de Vargas, alegara motivo de saúde para se internar no Hospital dos Servidores do Estado, em busca, verdadeira ou hipotética, de tratamento cardiológico. Passou o cargo ao presidente da Câmara, o imediato na linha de sucessão, que era o deputado Carlos Luz. Tínhamos, então, novo chefe de governo.

A atmosfera que se respirava era tensa. Vivíamos debaixo de pressão muito forte. O noticiário da imprensa e as conversas em geral revelavam que estávamos atravessando um momento peculiar. Em novembro, quando JK já era saudado como presidente eleito, a oposição parecia estar na iminência de alcançar um dos seus maiores objetivos: afastar o general Henrique Lott da chefia do Ministério da Guerra e substituí-lo pelo general Fiúza de Castro, simpático ao golpe udenista.

Relembro bem aquele momento: na Câmara, formamos uma comissão, com minha participação e as dos deputados Bento Gonçalves e Rui Santos, udenista da Bahia, para fazer uma visita a Carlos Luz, no exercício da Presidência da República. Chegamos ao Palácio do Catete também com a idéia de colher indicações sobre a tendência dos acontecimentos. Ao passarmos na antecâmara, deparamo-nos com o general Lott, que ali esperava o momento de ser chamado à presença de Carlos Luz. Lott ocupava o Ministério do Exército por indicação de Juarez Távora, que o considerava capaz de evitar a quebra da normalidade democrática. Esse aval fez dele um oficial de grande prestígio no seio do Exército, sendo figura eminente do movimento político.

Depois de o cumprimentarmos, entramos no gabinete presidencial. Coube a mim dizer a Luz que o general estava há mais tempo esperando pela audiência. Ouvimos dele a resposta: *"Deixemos que ele espere. Ele já sabe que será demitido"*. Estávamos na tarde de 10 de novembro de 1955. Terminada nossa visita, Luz mandou chamar o general Lott para lhe transmitir a notícia de sua substituição pelo general Fiúza de Castro, cuja posse se daria na manhã do dia seguinte. Lott não apresentou contestação; aceitou o ditame presidencial, em obediência à hierarquia, e pediu tempo para esvaziar as gavetas no gabinete do Quartel General. Sugeriu que a transmissão do cargo de ministro se desse às três horas da tarde do dia seguinte, 11 de novembro.

Depois de nossa visita, saí do Catete e rumei para minha residência, em edifício próximo ao Copacabana Palace. Estava jantando quando fui chamado para uma reunião de emergência, no anexo do hotel. Lá encontrei vários parlamentares e alguns oficiais das Forças Armadas, inclusive os coronéis Alberto e Alexinio Bittencourt, Orlando Ramagem (mais tarde promovido a general e comandante da Amazônia) e outros. Eram bem conhecidas as figuras dos deputados José Maria Alkmin, Pacheco e Chaves e Arnaldo Cerdeira, líder do partido de Adhemar de Barros.

Entendiam os presentes à reunião que o afastamento do general Lott criaria um clima capaz de tumultuar o ambiente, antes da diplomação e da posse de JK. O tema principal do encontro fora a decisão de Carlos Luz, aliado às forças oposicionistas, de substituir Lott por Fiúza de Castro. Éramos unânimes na crença de que tal atitude significava séria ameaça aos resultados do processo eleitoral e à posse legal do presidente eleito. Vivíamos, portanto, uma enorme tensão.

Começamos a discutir que providências deveríamos tomar para evitar a ocorrência de obstáculos à posse de Juscelino. A reunião permanecia sob o comando de Alkmin, amigo íntimo e pessoa de absoluta confiança de JK, que lhe telefonou três vezes enquanto estávamos ali reunidos. Juscelino queria vir ao Rio de Janeiro, mas Alkmin insistia em que ele não se afastasse de Belo Horizonte, afirmando que a capital mineira era "a nossa base": *"nossa força política tem como centro Minas Gerais. Não sabemos o que vai acontecer. Se vier, você poderá até ser preso"* – disse-lhe enfaticamente Alkmin.

Essas palavras de advertência demonstravam bem o clima reinante. Por volta da meia-noite, ficou deliberado que Alkmin faria uma visita ao general Odílio Denys, comandante do Primeiro Exército, acompanhado de quatro ou cinco deputados, para expressar-lhe o temor de que a saída de Lott pudesse desencadear acontecimentos imprevisíveis. Soubemos, depois, como se desenrolou a conversa do grupo com Denys, que se manifestou extremamente preocupado com a situação. Estava claro que ele, aliado incondicional de Lott, era pouco simpático às arengas de Carlos Lacerda e de seu grupo.

Tarde da noite, Lott percebeu que estava iluminada a casa de seu vizinho. Ligou para Denys, indagando: *"Que está havendo, homem?"* – ao que ele respondeu que logo chegaria à sua casa para lhe dar a notícia do que estava para ocorrer. Explicou-lhe que a oposição conseguira convencer o presidente Carlos Luz a demiti-lo para impedir a posse de JK, o que seria uma grave violação da ordem constitucional. A oficialidade, em torno de Denys, manifestava-se inconformada com essa intenção antidemocrática e estava disposta a pegar em armas para evitar sua consumação.

Lott aderiu logo ao movimento contra Carlos Luz e a cúpula udenista. Vestiu a farda e se encaminhou ao Ministério da Guerra. Convocou seus assessores ao gabinete e estabeleceu contato com os generais-comandantes dos demais Exércitos, comunicando a Fiúza, em seguida, que não haveria a transmissão do cargo de ministro.

Às 9 horas de 11 de novembro, a Câmara reuniu-se para votar o *impeachment* de Carlos Luz, convocando o senador Nereu Ramos para assumir a Presidência da República. Na noite seguinte, estávamos reunidos no Catete quando o novo presidente nos assustou com a declaração de que, em nome da legalidade, não teria dúvidas em passar o governo a Café Filho, se ele entrasse pelos portões do palácio. Era firme a intenção de Nereu Ramos de respeitar, no caso, a norma jurídica, *"entregando o poder ao verdadeiro dono legal"*.

Por via das dúvidas, mandou-se reforçar a guarda, com rigorosas instruções para que se impedisse o ingresso de quem quer que fosse que se chamasse Café Filho, cujo *impeachment* foi, poucos dias depois, proclamado pelo Congresso, para se evitar qualquer surpresa de natureza jurídica.

Sob a influência de Carlos Lacerda, foi reunido um grupo que deveria embarcar no cruzador Tamandaré para desembarcar em São Paulo, onde se promoveria um movimento contra os novos ocupantes do poder. O ex-presidente Carlos Luz fazia parte do grupo de navegantes. Quando o cruzador passava ao largo do Forte de Copacabana, foram disparados dois tiros, muito mais como advertência do que com intenção de atingi-lo.

A participação nas reuniões que se iniciaram na noite do dia 10 de novembro e se prolongaram até a noite seguinte, terminando com a indicação de Nereu Ramos para ocupar a presidência, permitiu-me dar a Juscelino, de viva-voz, um pormenorizado relato dos vários lances envolvendo os acontecimentos. De outras fontes, ele já havia ouvido descrições dos esforços para abortar o golpe da UDN, liderado por Lacerda. Na manhã do dia 12, quando o encontrei, percebi o quanto ele estava radiante. Deus realmente o poupou do sentimento do medo!...

Momentos importantes do período presidencial

Juscelino Kubitschek, embora eleito, não estava a salvo de momentos de apreensão, sobretudo os relacionados com a diplomação, sucessivamente postergada, embora a posse na presidência não lhe trouxesse dúvidas – tanto assim que fez um longo giro pela América do Norte e Europa antes de ser diplomado pelo Tribunal Superior Eleitoral.

A apreensão de JK se justificava: as forças oposicionistas, lideradas por Carlos Lacerda, insistiam que o presidente eleito não tinha obtido a maioria absoluta e, em outras arengas, ameaçavam sua diplomação e a posse. Os partidários do presidente eleito, por sua vez, sentiam que os argumentos contrários não possuíam nenhuma base no que estabelecia a Justiça Eleitoral, mas temiam que surgisse uma ação qualquer que suspendesse a diplomação.

Rezava a regra do jogo que seria eleito o candidato que alcançasse a maioria simples. JK recebera 36% dos votos, sendo o mais votado e vencendo o candidato da oposição, o general Juarez Távora, personalidade marcante nos meios políticos e militares, que fora chefe da Revolução de 1930, no nordeste do Brasil. Era cearense de família tradicional em seu Estado (ficou conhecido como o "rei do Norte", nos idos de 1930, por bravura e equilíbrio na condução do movimento revolucionário que destituiu o presidente Washington Luís e seus sucessores já eleitos, Júlio Prestes e Vital Soares, entregando-se, então, a presidência a Getúlio Vargas).

Figuras eminentes da oposição defendiam a legitimidade da eleição de Juscelino, como na Assembléia Legislativa de Minas Gerais, Estado natal de JK, onde o líder da UDN, Oscar Dias Correa, dizia:

— Nesta altura dos acontecimentos, já conhecidos os resultados do pleito, entendemos que a pretendida maioria absoluta, não prevista na Constituição nem determinada em nenhum texto legal, deixa de ser uma tese jurídica ou política para ser simplesmente golpista.

Pouco depois de sua volta do exterior, Juscelino Kubitschek, já diplomado, foi empossado no Palácio Tiradentes, hoje Assembléia Legislativa do Rio de Janeiro, em cerimônia assistida por D. Sarah e as filhas menores. Mais tarde, houve a transmissão da faixa presidencial por Nereu Ramos, no Palácio do Catete.

A composição de seu governo obedeceu a entendimentos prévios entre os partidos que apoiavam o presidente, inclusive o Partido Trabalhista Brasileiro, cujo líder, o Sr. João Goulart, detinha o controle dos Ministérios do Trabalho e da Agricultura e fora eleito Vice-Presidente da República. Havia, também, um representante do partido de Adhemar de Barros, Mário Pinotti, que ocupou o Ministério da Saúde. Os postos mais importantes, todavia, foram entregues ao PSD, que era maioria no Congresso, além de ser o partido do presidente. Reconhecendo também o papel do general Lott na resistência democrática à tentativa de golpe de 11 de novembro, Juscelino decidiu mantê-lo no Ministério da Guerra (mais tarde, batizado como Ministério do Exército).

Logo após a posse, Juscelino lançou o seu Programa de Metas, preparado por Lucas Lopes e Roberto Campos, contendo trinta itens relacionados com o desenvolvimento econômico, mais o trigésimo primeiro, a meta preferida pelo presidente, que se referia à construção da nova Capital Federal. Se JK tivesse voltado ao poder, certamente cuidaria de modo especial do desenvolvimento da grande área dos cerrados.

Juscelino construiu competente base parlamentar, com o PSD, seu partido, e de maior representação congressual, além do PTB, PSP, PRP e outros que sustentaram, tranqüilamente, a força de sua administração. Na verdade, porém, teve uma forte oposição, talvez a mais aguerrida no Congresso depois dos anos 30, composta por figuras como Carlos Lacerda, Milton Campos, Pedro Aleixo, Afonso Arinos, Adauto Lúcio Cardoso, Bilac Pinto, Odilon Braga, Mário Martins, Guilherme Machado, Oscar Dias Correia, José Bonifácio, Herbert Levy e outros, uma bancada de grandes oradores que faziam tremer qualquer governo. No entanto, a bancada parlamentar juscelinista saía sempre vitoriosa nas célebres discussões e votações ali realizadas. Era integrada por figuras como Vieira de Mello, Oliveira Britto, Leoberto Leal, José Maria Alkmin, Arnaldo Cerdeiro e muitos e muitos outros, que sustavam, com galhardia e competência, a fúria e a força dos opositores.

Esse foi um brilhante e operoso tempo vivido pelo Parlamento brasileiro e sinto-me profundamente gratificado por haver participado desse período luminoso...

Mantive-me sempre muito próximo do presidente. Na Câmara dos Deputados, esforçava-me na mobilização de apoio e aprovação às suas proposições. No caso da construção de Brasília, por exemplo, esse apoio era indispensável. Viajei muitas vezes para lá com Juscelino, quando era febril a atividade de soerguimento da nova Capital. Logo que ali descíamos, éramos levados de jipe para visitas às obras. Não era fácil enfrentar aquela movimentação de tratores por toda a parte, as nuvens de poeira e a barulheira infernal nos edifícios em construção, noite e dia.

Certa vez, durante um jantar no Palácio das Laranjeiras, Juscelino sugeriu aos presentes uma rápida visita à Brasília. Lá fomos no avião Douglas, que cobria a distância em três horas. JK dormia a sono solto durante a viagem, mesmo quando enfrentávamos tempestade. Ao acordar, ele vibrava com os relâmpagos: *"Vejam como iluminam tudo aqui dentro!"*. Depois do Douglas, passamos a viajar de Visconti, mais confortável e seguro. Naquela viagem, lá pelas três ou quatro horas da manhã, Juscelino anunciou o nosso regresso. Entrando no avião, ele começou logo a dormir. Era absolutamente desprendido. Parecia acreditar que com ele nenhum imprevisto haveria de acontecer. Ao descermos no Rio de Janeiro, foi direto para o Catete, onde já tinha audiências marcadas a partir de sete e meia da manhã.

O presidente JK distinguiu-me sempre de modo especial. Fui, na verdade, um amigo íntimo que só lhe levou apoio e conforto moral nos instantes mais delicados de seu mandato. Certa vez, chamou o embaixador (então ministro) Sette Câmara e lhe disse, à queima-roupa:

"Coloque Hermógenes entre os quatro membros do Congresso que participarão de nossa delegação à Assembléia-Geral das Nações Unidas em 1957" (dois senadores, Victorino Freire e Benedito Valladares e dois deputados, um dos quais era o deputado mineiro Guilhermino de Oliveira).

Por causa desta convocação, viajei para Nova York e cumpri o compromisso de lá permanecer por três meses. Tive o ensejo de falar numa das grandes comissões da Assembléia-Geral da ONU sobre a situação do Brasil. Foi um período muito interessante, em que tive o ensejo de travar boas relações de amizade com Oswaldo Aranha, figura muito acatada naquele cenário, com quem eu almoçava quase que diariamente. Aranha havia sido secretário-geral da ONU e granjeara elevado grau de prestígio nas mais diferentes delegações. Levou-me várias vezes a almoços com personalidades internacionais importantes, dentre as quais os irmãos David e Nelson Rockfeller. Aranha, porém, guardava mágoa de Getúlio Vargas, de quem foi grande amigo, por jamais este haver lhe dado a oportunidade de se candidatar à Presidência da República.

Ao regressar, relatei a Juscelino tudo o que me foi dado observar no trimestre que passei na ONU, pronunciando um discurso na Câmara dos Deputados sobre minha participação na delegação.

Como jamais fiz nenhum pedido que pudesse ser interpretado como benefício para interesses pessoais, isso me dava bastante autoridade na convivência com JK, que, de resto, reconhecia e proclamava a lisura de minha conduta. Não raro, minhas conversas com o presidente prolongavam-se além da conta. Não era incomum que alguns deputados, que aguardavam audiência, fizessem sinais para que eu apressasse a saída. Juscelino, no entanto, não permitia que eu deixasse o gabinete assim tão rápido – e eu não podia praticar a descortesia de interrompê-lo. Ele sempre me recebia com muita cordialidade.

O episódio de confronto e rompimento com o Fundo Monetário Internacional foi dos momentos mais dramáticos do governo Juscelino. Havia sido preparado por Lucas Lopes, ministro da Fazenda, com a ajuda de Roberto Campos, o Plano de Estabilização Monetária, em resposta a impulsos inflacionários. Juscelino estava em total desacordo com o diagnóstico de Lucas Lopes a respeito da situação monetária e política brasileira. A certa altura, o presidente sentiu-se abalado ao acreditar que o cumprimento das metas estabelecidas pelo plano, que representavam um compromisso assumido pelo FMI, embutisse a ameaça de redução do ritmo de atividade na construção de Brasília. Essa ameaça estendia-se também à Rodovia Belém–Brasília, ao grande açude de Orós, no Ceará, e a outras obras importantes em andamento.

> A impressão que se dá ao povo é de que nada se realizou, absolutamente nada, e de que o ex-presidente Kubitschek passou cinco anos sentado em frente a uma fogueira, deliciando-se em nela atirar as cédulas que o povo teria destinado à Brasília, à Sudene, às estradas, às hidrelétricas, aos açudes, aos silos e armazéns, à exploração do petróleo, ao ensino, às indústrias de base, enfim.
> *(Hermógenes Príncipe, em discurso pronunciado na Câmara dos Deputados a 8 de março de 1961)*

Várias vezes ouvi dele que não se resignaria a ser autor de um cemitério de edifícios abandonados no Planalto Central. Estava convencido de que seu sucessor não daria prosseguimento às obras de Brasília, daí seu empenho em dirigir a transferência da Capital do Rio de Janeiro para o Planalto um ano antes do término de seu mandato.

JK estava convencido de que parte do enfurecimento de Carlos Lacerda contra seu governo decorria do avanço da construção de Brasília e da aproximação da data em que se consumaria a transferência. Todos nós relembramos que, quando se oficializou a transferência, o governo Lacerda pediu três dias de luto e que as luzes da cidade ficassem amortecidas em sinal de pesar.

Juscelino não considerava suscetível sequer de conversação a idéia de legitimar o Plano de Estabilização Monetária de Lucas Lopes.

Depois de consultas a numerosas fontes, que o deixaram definitivamente convencido de que a estabilização monetária era uma grave ameaça à sua grande meta, ordenou que o ministro pedisse demissão. Mais tarde, seriam avós dos mesmos netos, mas Juscelino não fez a mínima concessão ao velho amigo. Logo que Lucas respondeu-lhe que, nesse caso, pedia demissão, ele rispidamente devolveu: *"Então, está demitido"*.

Permaneci ao seu lado, na sacada do Palácio do Catete, durante a grande manifestação de caloroso apoio popular ao rompimento com o Fundo Monetário Internacional. Milhares de telegramas chegavam ao seu gabinete, louvando a corajosa decisão presidencial. Personalidades de diferentes setores da sociedade faziam questão de proclamar que concordavam com a posição do governo brasileiro na negociação com o FMI.

Meses antes, Augusto Frederico Schmidt já havia imaginado a Operação Pan-Americana – OPA, para mobilizar o subcontinente contra o atraso e desencadear um movimento pelo desenvolvimento econômico acelerado.

Era também plenamente reconhecida na Câmara a minha ligação com o presidente, com quem me identificava plenamente nos propósitos de aceleração do desenvolvimento do país, sob os mais diversos prismas. Meu conhecimento do Programa de obras permitia-me citar um a um os grandes projetos em andamento, fazendo referência a suas diferentes etapas, o que favorecia minha aproximação com o presidente.

JK era uma personalidade fascinante pela simplicidade. No entanto, como bom mineiro, era bastante firme em suas convicções e muito cioso de sua autoridade. Encarnava realmente o líder de que o país precisava – e o Brasil teve muita sorte de tê-lo como presidente durante cinco anos. Sua volta ao poder – o que com certeza aconteceria nas eleições de 1965 – conduziria o país a um grande e novo ciclo de desenvolvimento, com grandeza, soberania e liberdade democrática.

Vislumbrando esse objetivo, o presidente debatia, em seu escritório na Esplanada do Castelo, no Rio de Janeiro, os setores que teriam que ser alavancados em seu próximo governo. Dentre eles, a agricultura, a exploração dos serrados, o desenvolvimento de novas ferrovias, a exploração racional da Amazônia e a importante abertura das vias para o Oceano Pacífico, o que facilitaria sobremaneira o nosso comércio com o Oriente. Tais novas metas haveriam de levar o povo brasileiro a um progresso extraordinário e a uma conseqüente melhoria de suas condições de vida.

> Queríamos crescer, mas não dispúnhamos de meios. Os capitais não se acumulavam, nem dentro, nem fora do país. A pobreza extrema nos espreitava. Éramos o "País do Futuro", dizia-se, mas ficávamos a nos deliciar apenas com a profecia. (...) Sabia também o ex-presidente que o instrumento para atingirmos o estágio de progresso estava na industrialização intensiva e na diversificação da indústria, através de iniciativas racionalmente distribuídas e estimuladas por todo o país.
> Elaborou-se o Programa de Metas – trinta metas congregando investimentos inadiáveis nos setores de energia, transportes, alimentação, indústrias de base e especialização técnica. O Programa de Metas, portanto, vinha constituir o instrumento civilizador de nossa economia, não apenas transformando nossas riquezas, mas também dinamizando-as a serviço do povo e da unidade nacional.
> *(Hermógenes Príncipe, em discurso pronunciado na Câmara dos Deputados a 8 de março de 1961)*

Antes do término do governo JK – e pouco antes da eleição do Sr. Jânio Quadros para sucedê-lo –, ocorreu um fato de singular importância para a história contemporânea. O general Odílio Denys era um oficial de grande prestígio nas Forças Armadas e levado muito a sério em virtude de seu tirocínio político. Não se punha em dúvida a sua competência. Era um chefe militar respeitado e bom conhecedor da vida civil. Apreensivo diante da possibilidade de crises políticas futuras, Denys aproximou-se de JK, a quem manifestou o receio de que

Jânio, se eleito, pudesse criar problemas graves. Estávamos de pé, eu ao lado do presidente, no Palácio do Catete, quando o general Denys se pronunciou em tal sentido:

— Senhor presidente, acho muito perigosa para o país a posse do Sr. Jânio Quadros. Ele é um homem confuso, atribulado, cheio de complexos. Temos de procurar um meio de evitar essa posse.

Ao que Juscelino respondeu, nesses termos:

— Senhor general, um de meus compromissos, talvez o maior de meus compromissos, consiste em consolidar a ordem democrática no país. Essa é a minha meta principal: o fortalecimento do regime democrático no Brasil. Se o Sr. Jânio Quadros for eleito, faço questão de lhe dar posse em praça pública.

Antes de se despedir, Denys acrescentou:

— Desejo alertá-lo, Sr. presidente, se o Jânio Quadros for eleito, o Brasil está condenado a sofrer muito. O país inteiro sofrerá e o senhor será, certamente, uma das vítimas. Ele não possui o equilíbrio necessário para o exercício do poder.

Juscelino voltou a afirmar que estava empenhado na consolidação do regime democrático e que não desejaria que, no futuro, um presidente eleito viesse a sofrer as agruras por que ele havia passado, antes de assumir a presidência.

Denys retirou-se, desapontado. O período seguinte viria a torná-lo um profeta confirmado. E Juscelino Kubitschek foi uma das grandes vítimas da desordem que teve origem na renúncia de Jânio.

> Desvendadas as nossas possibilidades e transformado psicologicamente o nosso povo — empresários e empregados, produtores e consumidores —, mostrou-se ao mundo como, em apenas cinco anos, o trabalho incessante, entusiasmado e, ao mesmo tempo, humanizado por um líder integrado em nossa índole pode revolucionar um país sem os sacrifícios sangrentos e a escravização que caracterizaram semelhantes etapas da evolução de outros povos.

(Hermógenes Príncipe, em discurso pronunciado na Câmara dos Deputados a 8 de março de 1961)

Poucos dias antes da posse, tivemos a informação, vinda de um amigo do círculo íntimo de Jânio Quadros, de que o presidente eleito faria um discurso, no ato de posse, com severas críticas ao presidente JK e a seu governo. Fui testemunha do fato. Comentando a informação, Juscelino acabou dizendo:

— Se ele fizer isso durante a posse, em praça pública reagirei e lhe darei uma bofetada.

E voltando-se para a pessoa que transmitiu a notícia, declarou:

— Você pode transmitir isso a ele [Jânio].

À noite, já empossado, Jânio Quadros pronunciou um discurso com críticas à obra de seu antecessor. Entre seus ataques, qualificou a Belém–Brasília de "estrada das onças". Mas Juscelino não tomou conhecimento *in loco* dessa oração injuriosa. Naquele momento, já estava voando para a Europa. Entre as pessoas que o levaram ao aeroporto, em Brasília, estava o general Juracy Magalhães, eminente figura da UDN que, durante o governo JK, se manteve como fiel defensor da legalidade democrática.

> O povo brasileiro espera do Sr. Jânio Quadros o cumprimento de sua promessa, durante a campanha presidencial, de que prosseguiria na obra de desenvolvimento nacional em que incansavelmente, hora a hora, dia a dia, se empenhou o Sr. Juscelino Kubitschek.
>
> Todos confiamos em que o Sr. Jânio Quadros não leve o Brasil ao retrocesso, ou à estagnação. O povo não o quer, nem o admite.
>
> *(Hermógenes Príncipe, em discurso pronunciado na Câmara dos Deputados a 8 de março de 1961)*

Infelizmente, apesar de toda atmosfera de otimismo reinante na posse do Sr. Jânio Quadros, as esperanças do povo brasileiro desvaneceram-se, meses depois, com a renúncia do jovem presidente e as crises institucionais que se desenvolveram a seguir.

A nova Capital e a Rodovia Belém–Brasília

A construção de Brasília, como a nova Capital do Brasil, não surgiu na cabeça de Juscelino Kubitschek como uma simples ambição política de se colocar como o "homem providencial" que apareceu na história do país e resolveu implantá-la para satisfazer a sua vaidade pessoal. Não e não, o presidente, antes prefeito de Belo Horizonte e depois governador de Minas Gerais, diante da imensidão do território brasileiro, percebia que havia uma necessidade, que ia se tornando urgente, de o Brasil se desenvolver mais harmoniosamente.

Como governador de um Estado sem fronteiras marítimas – Minas Gerais –, sentia, no íntimo, como seria valioso estender o desenvolvimento para terra adentro, a fim de que o extraordinário potencial de riqueza, que possuíamos no interior do país, fosse devidamente explorado em favor do povo brasileiro. Os apelos que recebeu e continuava recebendo o incentivaram ainda mais na premente necessidade de interiorizar o desenvolvimento em nossa grande nação.

A notável motivação implantou-se em sua mente prodigiosa e realizadora quando, em um comício da campanha presidencial, em Goiás, um ouvinte o interpelou, perguntando se a construção da nova Capital seria um dos objetivos de sua administração. Surpreso e contente com a pergunta, respondeu que uma de suas metas de governo seria de fato a construção de uma nova Capital, almejada há tantos anos por muitos políticos e figuras importantes da sociedade brasileira.

A construção de Brasília, criada e bem planejada por arquitetos brasileiros da envergadura de Oscar Niemeyer e Lúcio Costa, consolidaria o grande desejo de uma nova Capital.

Finalmente, chegou o dia da transferência da Capital. Para todos nós, parlamentares e ministros, foi um grande impacto. Trocar o conforto e a beleza do Rio de Janeiro pela poeira vermelha brasiliense, sem falar na falta de comodidades, era de fato um enorme sacrifício.

Juscelino estava plenamente convencido de que a transferência representava um grande passo para a interiorização do desenvolvimento brasileiro. Diante de nossa extensão territorial, a mudança do centro administrativo para o Planalto respondia a uma demanda que já se havia solicitado desde o século passado. Do ponto de vista da geopolítica nacional, a transferência atendia a nossas aspirações de domínio e ocupação do território, tendo como objetivo sobretudo o desbravamento da Amazônia, sem depredação de recursos naturais e com preservação do meio ambiente, o que correspondia a uma aspiração nacional diante da veiculação de idéias sobre a "internacionalização" da Amazônia.

Convém recordar que todos os parlamentares do interior do país, até mesmo os da oposição, fizeram causa comum com Juscelino na idéia da transferência da Capital. Esse apoio foi muito importante no Congresso Nacional...

Hoje Brasília aí está, demonstrando o acerto da grande decisão, que levou o governo do Brasil para o Planalto Central, fugindo das grandes pressões populares e políticas que atormentavam a administração e abrindo o grande leque do nosso desenvolvimento, com a marcha do progresso para o Oeste, Nordeste e Norte da terra brasileira.

A construção da Rodovia Belém–Brasília, abrindo a região amazônica e livrando-a da perigosa ambição internacional, por si só já significava uma grande vitória. E que o diga a criação das fronteiras agrícolas e minerais do Oeste, tão importantes atualmente para a nossa economia e a consolidação da riqueza nacional!

Inauguração de Brasília

Ao visitar Brasília, várias personalidades de renome internacional ficavam maravilhadas com a beleza de sua arquitetura e de suas formas, fruto do gênio de Oscar Niemeyer e Lúcio Costa. O grande ministro da Cultura da França, André Malraux, expressou seu encantamento, dizendo: *"Presidente, como o senhor conseguiu isso tudo em pleno regime democrático? Obras como Brasília só são possíveis sob uma ditadura. Parabéns, muitos parabéns!"*...

O líder cubano Fidel Castro, extasiado com a grandeza da obra, disse a JK: *"É uma felicidade ser jovem neste país"*. Jean-Paul Sartre, por sua vez, um dos mais ilustres e conhecidos escritores franceses contemporâneos, falou embevecido sobre Brasília: *"Depois da Renascença, nada se fez de tão belo!"*...

A nova Capital – Brasília – passou a ser um marco mundial, revelando nossa capacidade empreendedora e a esperança de novos tempos. Muitas e muitas personalidades do mundo político, cultural e empresarial se referiram com expressões entusiásticas ao contemplarem a grande obra.

Os adversários criticavam com raiva a construção de Brasília e despejavam sua ira nos gastos excessivos que estavam exaurindo o Tesouro Nacional. Os gastos eram de fato grandes, e mais ainda com a rapidez com que estava sendo construída, porque JK sabia que seus sucessores não a levariam a termo. Felizmente Brasília aí está, contribuindo com seu extraordinário brilho para manter a chama da esperança e a grandeza de nossa gente, e, assim, destruindo os ataques dos terríveis adversários que não enxergavam o futuro auspicioso que os brasileiros precisavam conquistar em seu próprio país e afastando de vez a cobiça internacional.

É muito valioso e expressivo sentir que o crescimento da indústria automobilística, naval e muitas outras foi o fator preponderante para promover e dar aos trabalhadores brasileiros o seu devido lugar ao sol. Na região do ABC paulista, berço desse formidável trabalho, surgiram os fortes sindicatos dos metalúrgicos, criando o clima e a força que levaram ao surgimento do Partido dos Trabalhadores – PT, de projeção internacional e de significativa participação em uma nova ordem social.

Fica evidente que JK estava certo e seguro quando, obstinadamente, batalhava pelo desenvolvimento econômico, que iria reduzir, cada vez mais, os graves desníveis sociais que ainda nos atormentam.

O empresariado nacional teve a sua grande oportunidade de mostrar do que era capaz, produzindo e diversificando a sua produção; aliviou, com as substituições de produtos importados, a balança comercial, preparando-se para os enormes desafios que existiam à frente.

No baile de inauguração da Capital, realizado à noite no Palácio da Alvorada, com a presença de figuras da alta sociedade brasileira, do corpo diplomático e de convidados especiais, eram unânimes as expressões de júbilo com a beleza da cidade, e com a ousadia e a coragem de Juscelino Kubitschek, "o seu criador".

Finalizando, é a nossa sociedade como um todo a grande beneficiária do gigantesco trabalho do governo JK, que infelizmente foi interrompido, prejudicando e atrasando nosso promissor futuro, que por certo ainda alcançaremos, com a graça de Deus.

Operação Norte-Nordeste

Juscelino Kubitschek, empossado em 31 de janeiro de 1956, sob forte crise política, lançou seu famoso "Plano de Metas de Desenvolvimento", tencionando avançar "50 anos em 5" e preparando as bases de um novo tempo para o país. Por sua vez, os Estados Unidos, firmando-se como a nação mais poderosa do mundo e observando os graves problemas que assolavam a América Central e do Sul, lançaram, alguns anos depois, a "Aliança para o Progresso", que visava traçar diretrizes e normas que atenuassem os enormes desníveis de progresso e desenvolvimento da América Latina.

No momento em que o Brasil realizava um grande trabalho de desenvolvimento, através do governo de JK, medidas inspiradas pelo Fundo Monetário Internacional – FMI foram sugeridas, obrigando o governo a suspender a construção da nova Capital, da Rodovia Belém–Brasília e do açude de Orós, no Nordeste, dentre outras. Isso conduziu o presidente a romper com o FMI e a lançar a Operação

Panamericana –OPA –, que atenderia às nações abaixo do Rio Grande, isto é, do México à Patagônia. Os adversários internos, porém, não enxergavam os objetivos estratégicos da construção de Brasília, que agradavam aos altos escalões militares.

A nova Capital levaria o desenvolvimento ao Brasil Central, descentralizando-o do Sudeste e Sul da Nação. As maiores cidades brasileiras (São Paulo, Rio de Janeiro, Recife, Salvador, Porto Alegre e Curitiba) situavam-se na orla atlântica, e o interior do país, com muitas potencialidades produtivas, não conseguia participar das crescentes perspectivas de progresso e melhoria da qualidade de vida de suas populações. Havia também, naquele tempo, um objetivo estratégico-militar muito importante: o de afastar os centros de administração do país das ameaças de destruição no caso de uma guerra, já que, naquela época, não havia ainda os mísseis balísticos, intercontinentais e nucleares, nem outros armamentos modernos, sendo útil para a defesa do território a interiorização da Capital a mais de mil quilômetros da costa marítima. Tal argumento, defensável, jamais foi contestado pelo Estado-Maior das Forças Armadas brasileiras, de resto extremamente preocupado com a modernização do Brasil.

Ante tal quadro histórico, considerei oportuno lançar a "Operação Norte-Nordeste", que visava atender às reivindicações daquelas regiões, sem, contudo, desmerecer os direitos das demais. Considerava que a Bahia e o Brasil, tão queridos, necessitavam de intenso trabalho e mesmo de minha modesta contribuição para alcançar o desenvolvimento. Eis aí a chave para a conquista de recursos e meios para debelar a pobreza e o sofrimento da gente de nossa terra. Nesse sentido, eu participava, como deputado federal, dos intensos debates que tentavam quebrar os tabus que ainda emperravam o crescimento brasileiro, focalizando-me principalmente nas questões relativas ao Nordeste, região que sempre sofreu com os crônicos problemas de seca, falta de recursos financeiros e descaso dos governos centrais.

A Operação Norte-Nordeste foi lançada em fins de dezembro de 1959, pelo jornal *O Globo*, numa entrevista de grande repercussão que concedi ao jornalista Antônio Viana – o que levou o presidente JK a me chamar, no dia seguinte, ao Palácio Laranjeiras. Durante o café da manhã, manifestou todo o seu entusiasmo com as minhas sugestões, demonstrando que desejava efetivá-las através de medidas governamentais.

Combinamos, desde logo, um almoço no próprio palácio e convidamos o subchefe da Casa Civil, embaixador Sette Câmara – com quem eu já tinha conversado antes sobre o que iria dizer na entrevista anterior e de quem havia recebido o melhor incentivo. Durante o almoço, JK determinou que fossem tomadas, com urgência, as medidas que norteariam a futura constituição do órgão que agilizaria aqueles objetivos de maneira prática e efetiva.

No mesmo dia, à tarde, Sette Câmara e eu nos reunimos no Salão Amarelo do Palácio do Catete e discutimos quem deveríamos convidar para compor a direção do novo órgão. Sugeri-lhe Cleanto de Paiva Leite, Rômulo Almeida e outros, muito identificados com os problemas do Nordeste. Sette Câmara, por seu turno, sugeriu o nome de Celso Furtado, que então trabalhava na Comissão Econômica para a América Latina – Cepal, em Santiago do Chile.

É de se salientar que havia uma luta extraordinária em torno de medidas e recursos que pudessem suprir o empobrecido Nordeste, cumprindo notar a liderança do governador Dinarte Mariz, do Rio Grande do Norte, nesse intento. Houve então uma reunião, em Petrópolis, no Palácio Rio Negro, a que não pude assistir em seu transcurso, em virtude do atraso de meu vôo de Salvador para o Rio de Janeiro e de defeitos no carro da Presidência da República que me levaria à aprazível cidade serrana.

Nessa reunião, em que o presidente lamentou a minha ausência (só cheguei após uma hora de seu término), ficou estabelecido que Celso Furtado seria o coordenador da constituição do órgão, chamado a princípio de Coordenação do Desenvolvimento do Nordeste – Codene e transformado, depois, em Superintendência de Desenvolvimento do Nordeste – Sudene.

Tais providências não toldariam o já existente Banco do Nordeste, criado no governo do presidente Getúlio Vargas pelo trabalho de Rômulo Almeida, nem inibiriam a criação, a seguir, da Superintendência de Desenvolvimento da Amazônia – Sudam e do Banco da Amazônia. Estavam, portanto, lançadas as bases efetivas para o desenvolvimento das regiões nordestina e amazônica, nos mesmos moldes pioneiros que lançavam o governo JK na "conquista do Oeste" brasileiro mediante a construção de Brasília.

Minha entrevista, registrada pela imprensa brasileira com aplausos, foi decisiva na criação da Sudene, demonstrando que minha ação política se sintonizava com a necessidade imperiosa de assegurar o desenvolvimento brasileiro, espelhando a mesma determinação e entusiasmo total do presidente Juscelino. Foi, sem dúvida, a identificação em torno desse objetivo que nos ligou intimamente.

A promoção de Castello Branco e Mourão

Os coronéis Humberto de Alencar Castello Branco e Olímpio Mourão Filho foram promovidos ao generalato pelo presidente Juscelino Kubitschek, contrariando as indicações sugeridas pelo ministro da Guerra, general Lott.

Nesse sentido, Augusto Frederico Schmidt ponderou ao presidente as qualidades nobres de Castello (que depois viria a cassar o próprio JK), relatando-lhe os almoços que mantinha com ele no escritório de Vargas. O presidente Kubitschek chamou o ministro Lott e elevou Castello ao generalato – o que foi recordado pelo próprio general a JK, na referida reunião realizada na residência do deputado Joaquim Ramos.

Quanto a Olímpio Mourão Filho, ele foi, ainda na condição de coronel, diretor dos Telégrafos no Rio de Janeiro, durante o governo JK, e era amigo de muitos deputados da Frente Parlamentar Nacionalista. Sentia-se preterido pelo general Lott, que lhe fazia restrições. Procurei

Juscelino e conversamos sobre sua promoção. Ele era filho da cidade de Diamantina, assim como o próprio JK, e dizia a todos que, se não fosse promovido a general na próxima lista, cairia na "expulsória", sendo obrigado a passar à reserva, conforme reza ainda hoje o regimento militar. Argumentava que Minas Gerais não possuía nenhum general, porque, naquele tempo, os mineiros pouco seguiam a carreira militar.

O presidente JK, sensível às justas solicitações dos deputados, seus amigos e correligionários, decidiu promover também Mourão Filho. Posteriormente, contou-me que o ministro Lott chegou com a lista dos coronéis a serem promovidos, que não incluía o nome de Mourão. Juscelino mandou inclui-lo e me disse que Lott empalideceu. Jamais o presidente havia contestado os nomes indicados ao generalato por ele – com exceção de Castello, pelos méritos reconhecidos, e de Mourão. Este sofria restrições de setores militares por sua conhecida atuação na formulação do Plano Cohen (que recomendava, na época de Vargas, quando foi elaborado, medidas de cunho fascista, depois repudiadas pelo próprio Mourão).

Assim, foram promovidos os dois coronéis, que Lott não desejava levar ao generalato e que se tornaram os principais líderes da Revolução de 1964.

Em defesa do desenvolvimento

O governo Juscelino Kubitschek foi, de fato, como o povo o apelidou, "os anos dourados do Brasil". Havia otimismo e fé nos destinos de grandeza que estavam por vir e que se consolidariam, se ele voltasse ao poder, nas eleições de 1965 – intenção infelizmente cancelada pelo movimento militar de 31 de março de 1964.

O cumprimento da meta democrática e nacionalista de passar incólume a faixa presidencial ao sucessor e adversário político, em plena praça pública e sem ameaças, gerou confiança dentro e fora do país para novos investimentos, além de demonstrar ao povo que o construtor de Brasília havia cumprido o que prometera, apesar de todos os desafios.

Seu governo, democraticamente eleito e exercido, sem ódios e vinganças, foi marcado por grandes obras e vitórias esportivas que podemos enumerar rapidamente:

· A nova capital, Brasília, construída em tempo recorde;

· A Rodovia Belém-Brasília, que abriu a Amazônia aos brasileiros, sujeita que estava à cobiça internacional;

· O grande açude de Orós, no Ceará, construído para favorecer o combate às secas;

· A criação da Sudene e da Sudam, que dariam suporte técnico e econômico-financeiro ao desenvolvimento, respectivamente, das regiões Nordeste e Norte;

· O estabelecimento da indústria automobilística e naval;

· A construção da hidroelétrica de Furnas;

· A conquista de inéditas vitórias esportivas, tais como o Campeonato Mundial de Futebol, o Campeonato Mundial de Tênis Feminino, com Maria Esther Bueno, o Campeonato Mundial de Boxe, com Éder Jofre, e o Campeonato Mundial de Natação, com Maria Lenk – o que refletia a inegável atmosfera de otimismo que se verificava no país.

A nova Capital, hoje marco definitivo de nossa política e grandeza, é a mais evidente demonstração do acerto da obra magnífica que JK deixou para todos nós. Foi obra duramente criticada por nossos adversários – e só quem viveu aquela fase da história nacional pode aquilatar o enorme esforço e espírito público necessários à sua realização.

O Estado-Maior das Forças Armadas, deve-se reconhecer, muito contribuiu para a manutenção segura dos objetivos de construção da nova Capital. Já a oposição, por seu turno, afirmava que o grande marco do Planalto era apenas a construção de prédios sem sentido, já que a administração continuaria sendo feita pelas capitais marítimas

(Rio de Janeiro, São Paulo, Recife, Salvador, Porto Alegre, Fortaleza e outras), esquecendo-se de que, concomitantemente, abriam-se novas e grandes oportunidades econômicas para aquelas cidades, assim como aconteceu com as regiões Norte e Nordeste, que continuaram a crescer rapidamente, para glória da obra de JK.

Muita coisa ainda precisa ser feita para reduzir os desníveis sociais que nos atormentam, mas são, todavia, pequeninos e medíocres aqueles que não reconhecem em suas mentes, cheias de ambições menos nobres, a verdade dos fatos, a grandeza e o desprendimento dos grandes homens.

A indústria paulista teve grande incremento, não só por fornecer materiais e equipamentos para as grandes obras, mas também por assistir à instalação das indústrias automobilística e naval, grandes forças propulsoras de nosso desenvolvimento.

Muitas hidroelétricas foram construídas, dentre elas a de Furnas, em Minas Gerais, cujo atual presidente, Luiz Carlos Santos, em relatório sobre o desempenho da empresa em 2001, publicado na grande imprensa, louva o pioneirismo da obra, seus fantásticos resultados operacionais e os magníficos serviços prestados à população nesta hora difícil de racionamento de energia.

O Brasil vibrava e se ombreava em todos os setores econômicos e sociais na esperança de que um novo país surgiria para atender às grandes aspirações de grandeza e riqueza que proporcionariam melhores condições de vida para ricos e pobres.

> E naquele 31 de janeiro de 1956, em vez de lançar às costas de seus antecessores a culpabilidade de uma situação, essa sim verdadeiramente catastrófica, e em vez de procurar corrigir os males através de medidas abaladoras da ordem social, convocou seus ministros e assessores técnicos para, às sete horas de 1º de fevereiro, expor-lhes um plano concreto de altas realizações em todos os setores da economia nacional.
> *(Hermógenes Príncipe, em discurso pronunciado na Câmara dos Deputados a 8 de março de 1961)*

Houve quem criticasse as medidas atrativas para a indústria de base, implantadas pelo governo JK, mas hoje sabemos que nosso orçamento cambial não suportaria o peso das importações de automóveis, caminhões, tratores e bens de capital para obras de engenharia, se essas indústrias siderúrgicas e metalúrgicas não passassem a existir dentro de nossas fronteiras.

> Se o extraordinário esforço de desenvolvimento vem recebendo, de algumas partes, com um colorido pejorativo, o sufixo *ismo*, o povo, entretanto, compreende ou sente que esse desenvolvimento tinha de ser realizado na proporção de cinqüenta anos em cinco. Só assim poderíamos ganhar a corrida contra a pobreza e contra a humilhação que vinha presidindo nossas relações de trocas com os demais povos.
> *(Hermógenes Príncipe, em discurso pronunciado na Câmara dos Deputados a 8 de março de 1961)*

Muitas vantagens foram concedidas e nem assim as duas maiores empresas automobilísticas estrangeiras (General Motors e Ford) aqui se instalaram, o que só veio a acontecer muito tempo depois. Sem essas concessões, elas não viriam para nosso país, assim como ocorreu com as pioneiras, Volkswagen, Scania, Simca e a Fiat, que passaram a explorar o enorme potencial de nosso mercado consumidor.

Hoje, a diversificação industrial no país é uma realidade, proporcionando oportunidades de trabalho e de riqueza para as classes trabalhadoras.

> Em linhas fundamentais, tanto interna como externamente, eis a situação econômico-financeira transferida ao Sr. Jânio Quadros. Indiscutivelmente, melhor do que a recebida pelo Sr. Juscelino Kubitschek em 1956. Melhor no setor financeiro; incomparavelmente muito melhor sob o aspecto econômico.
>
> Seria ocioso enumerarmos agora o extraordinário acervo de realizações reprodutivas e de infra-estrutura econômica, como rodovias, usinas

de energia elétrica, siderurgia, química de base, transportes, etc., durante o patriótico governo do Sr. Juscelino Kubitschek. Seria ocioso, também, repetirmos aqui o balanço das metas, cuja evolução o povo brasileiro acompanha atentamente. Entretanto, a síntese que coroa toda essa grandeza está registrada nas estatísticas insuspeitas da Fundação Getúlio Vargas. Segundo essas estatísticas, o crescimento do Produto Interno Bruto acusou índices recordes no qüinqüênio 1956/60. Nos anos 1957 e 1958, esses índices foram de 9,4% e 7,2%, os mais altos já apurados até hoje, enquanto o de 1955, de 3,9%, foi, até hoje, o mais baixo.

Eis, em resumo, o nosso país, antes de Juscelino Kubitschek e durante o período em que ele ocupou o poder.
(Hermógenes Príncipe, em discurso pronunciado na Câmara dos Deputados a 8 de março de 1961)

As grandes conquistas esportivas, nunca antes vistas, encheram de orgulho a alma de todo o povo, mas o futuro grandioso, que viria pela frente, foi ofuscado pelo destino e pela mentalidade de políticos de ambições mesquinhas, que contribuíram para abater a força propulsora do progresso nacional.

O povo reconhecia a majestosa obra que Juscelino nos legou, percebendo que o destino marcou inexoravelmente aquele presidente na memória dos brasileiros, também pela realização de sua principal meta: a consolidação da democracia no Brasil. Seu sucessor, no entanto, infelizmente invalidou todos os esforços realizados, renunciando à presidência e conduzindo o país a um longo período de trevas.

Nada há que justifique essa batalha que o governo [de Jânio] empreende contra a administração econômico-financeira do governo anterior, e muito menos o pessimismo com que procura impregnar a alma brasileira. Se deseja o governo que o Brasil sinta a realidade, que lhe exponha a realidade. E esta só dará ao povo motivos para manter o sadio otimismo em que viveu durante cinco anos.

As distorções da verdade podem impressionar por algum tempo; não são perenes. A verdade há de prevalecer um dia, e muito antes do que supõem os atuais detentores transitórios do poder.
(Hermógenes Príncipe, em discurso pronunciado na Câmara dos Deputados a 8 de março de 1961)

As luzes feneceram e as trevas surgiram, apagando o fulgor que todos nós almejávamos para o Brasil...

A frase de Juracy

O discurso que o ex-governador da Bahia e ex-ministro de Estado, Juracy Magalhães, proferiu no aeroporto de Brasília por ocasião da viagem de JK à Europa, logo após ele ter transmitido o cargo de presidente, foi comentado como uma grande homenagem. E o foi sobretudo por ter ter sido dita por um dos mais ilustres dirigentes da União Democrática Nacional, partido de oposição.

A frase, admirável pela síntese verdadeira, fez-me sentir a grandeza daquele brasileiro que governou o meu Estado, a Bahia: *"O governo do presidente Juscelino Kubitschek tem um ocaso que mais parece uma alvorada"*...

2. As Trevas, depois de Juscelino

A sucessão de JK

Vários episódios precederam a sucessão de Juscelino Kubitschek, muitos deles completamente ignorados pela opinião pública.

O Partido Social Democrático – PSD e o Partido Trabalhista Brasileiro – PTB, fundado por Getúlio Vargas e, naquele momento, sob a liderança de João Goulart (carinhosamente apelidado de Jango), estavam analisando juntos a situação política para escolher o candidato que, esperavam, fosse o vitorioso e representasse os maiores partidos do país. As fortes lideranças do PSD, como Amaral Peixoto, Benedito Valadares, Vitorino Freire, Oliveira Britto, Martins Rodrigues e outros, reuniam-se para encontrar um candidato que realmente inspirasse a confiança dos eleitores brasileiros.

A União Democrática Nacional – UDN, como partido de oposição, iniciava forte campanha pela candidatura de Jânio Quadros, ex-governador de São Paulo, mediante forte apoio do prestigiado líder Carlos Lacerda, no Congresso. No entanto, havia forte reação dentro da UDN contra a candidatura Jânio, numa dissidência chefiada por

Juracy Magalhães, ex-governador da Bahia. Jânio Quadros era considerado um político instável, com restrições até morais, que não atendia aos anseios típicos das lideranças udenistas. Apesar disso, Carlos Lacerda defendia, com todo o seu talento, o futuro candidato.

Nesse momento, havia dentro do PSD uma luta entre a chamada "ala moça" do partido e as velhas lideranças, que desprezavam as opiniões dos mais jovens. Entre os membros da "ala moça" figuravam os deputados José Jofilly, Renato Archer e eu, dentre outros; queríamos também ser consultados sobre os nomes a ser apresentados à convenção do partido e ao presidente JK, e não éramos ouvidos pela figuras tradicionais da direção partidária.

Em determinado instante, tomamos uma posição e fomos à sede do Ministério do Exército conversar com o general Henrique Teixeira Lott, à época ministro da Guerra, como se chamava o Ministério naquele período. Fomos convidá-lo a ser o nosso candidato à Presidência da República. Estava entre nós o deputado mineiro Bento Gonçalves, do Partido Republicano, presidente da Frente Parlamentar Nacionalista.

O que aconteceu não era esperado por nós, que o general Lott aceitasse a candidatura, sabedores que éramos de sua dureza de temperamento e da pouca representatividade política para os fortes caciques do PSD. Nossos dirigentes, aliás, sabiam de nossa atitude e dificilmente aceitariam a candidatura Lott, embora, certamente, não pudessem renegá-la, considerando o papel relevante que o ministro desempenhou ao assegurar a posse de Juscelino Kubitschek à Presidência da República.

Voltamos à Câmara dos Deputados, que funcionava no prédio onde hoje está a Assembléia Legislativa do Rio de Janeiro, completamente aturdidos e sentindo os efeitos e a repercussão de nosso ato: houve choque e descrença nas velhas hostes do PSD, porque, sendo verdadeiro o assentimento de Lott, seria impossível afastar o seu nome da disputa presidencial. E, de fato, o nome do general foi sufragado pelo partido, tendo sido escolhido João Goulart para vice em sua chapa, assegurando-se com isso o apoio do PTB.

No lado da UDN, os discursos contundentes de Carlos Lacerda, a favor da candidatura de Jânio Quadros, trituraram as dissidências contra o nome do candidato, capitaneadas por Juracy Magalhães, que desejavam submeter ao partido o nome de Etelvino Lins, ex-governador de Pernambuco. Apesar do apelo popular da candidatura de Lott, com o apoio do PTB, Jânio Quadros estava liderando o processo, com a sua oratória populista e o apoio de Lacerda.

Por sua vez, o candidato Lott, com a conhecida inflexibilidade temperamental e ética, ia se desgastando, por não atender às manobras políticas e não fazer concessões no contato com o povo. Essa tendência ficou amplamente demonstrada no decorrer da campanha, em virtude da inabilidade manifesta do candidato para a ação política.

Foram numerosos os exemplos do desajuste de Lott às exigências de cada situação. Num comício em Recife, por exemplo, sugerimos-lhe que ele se conduzisse com muito jeito, vez que a praça da capital pernambucana, em que o ato se realizaria, era considerada um reduto tradicional esquerdista. Lott, entretanto, iniciou seu discurso com violenta manifestação contra a esquerda. Em outras ocasiões, o candidato fazia questão de ignorar a presença de líderes políticos importantes. Estava, pois, configurado o desastre.

Prevendo esse iminente fracasso, as lideranças do PSD reuniram-se com JK, no Palácio Laranjeiras, e convidaram o general Lott para lá também comparecer, na intenção de tratar dos rumos da campanha e fazer crescer seu nome junto ao eleitorado. A intervenção de Juscelino animava a todos, em especial a Amaral Peixoto, Oliveira Britto, Vitorino Freire e a mim, até que chega o general, dizendo que não poderia continuar no recinto porque estava há uma semana longe da esposa e que iria ficar ao lado dela.

O desânimo foi geral. Não havia nenhuma justificativa para que um político, no fragor de uma campanha, desprezasse uma reunião de lideranças de seu partido com o Presidente da República, a fim de melhorar o seu desenvolvimento. A partir de então, começamos a pensar em outras opções para evitar a eleição de Jânio Quadros.

Com a concordância de JK, confirmada por Augusto Frederico Schmidt, e de Juracy Magalhães, que não aceitava Jânio, conversou-se sobre a possível candidatura alternativa de Oswaldo Aranha, cujas credenciais eram indiscutíveis. Ele era uma das mais brilhantes figuras políticas do Brasil, talvez de toda a América, o verdadeiro chefe da Revolução de 1930, que levou Getúlio Vargas ao poder. Foi ministro da Fazenda e do Exterior, embaixador nos Estados Unidos, quando firmou boas relações com o presidente Franklin Roosevelt, e secretário-geral da ONU por duas vezes. Era uma figura notável pela inteligência e cultura, respeitadíssima no exterior. Com ele, tive o prazer de conviver, em 1957, quando membro da delegação parlamentar na Assembléia Geral da ONU, e assisti a quase todas as figuras da política mundial virem até a bancada da delegação brasileira para cumprimentá-lo, dentre eles Andrey Gromiko, então ministro do Exterior da antiga União Soviética.

A reunião para encaminharmos o seu nome foi realizada no Museu de Arte Moderna, no centro do Rio de Janeiro. Nosso desejo era propor, inicialmente, Oswaldo Aranha para substituir João Goulart na candidatura à vice-presidência. Preocupado com os rumos da candidatura Lott, João Goulart foi consultado e disse, categoricamente, que *"Para o Dr. Oswaldo Aranha, tudo..."*, dispondo-se a renunciar à própria candidatura em favor do companheiro de Getúlio.

O objetivo era levar ao general Lott o nome de Oswaldo Aranha, com a renúncia já aceita por Jango, admitindo-se as dificuldades da campanha. Posteriormente, haveríamos de convencê-lo da possibilidade de renunciar à candidatura presidencial, considerando que as forças políticas também acreditavam que isso era essencial para evitar a eleição do adversário da UDN. Com a desistência de Lott, Oswaldo Aranha seria o candidato à presidência, arrastando consigo também a facção dissidente da UDN que gravitava em torno de Juracy Magalhães. Admitia-se ainda que a nova candidatura, congregando o apoio do PSD, do PTB, de grande parte da UDN e do próprio presidente Juscelino, poderia modificar o quadro eleitoral.

Com enorme emoção, o chanceler Oswaldo Aranha pressentiu a possibilidade de chegar à Presidência da República, posição que sempre ambicionou – até porque chefiou a Revolução de 1930, coordenando as alianças que conduziram o movimento à vitória –, mas foi impedido por Vargas, que era um caudilho e jamais pensara em passar-lhe o cargo, apesar de ser seu grande amigo e admirador.

Oswaldo Aranha saiu exultante do encontro, entusiasmado com a possibilidade da eleição, e os companheiros ficaram muito satisfeitos com o encaminhamento das conversas. No entanto, eis que o destino mais uma vez impede-lhe a ambição: ao chegar à sua residência no Cosme Velho, o chanceler sofreu um enfarte fulminante! Com sua morte, estava selada a vitória de Jânio Quadros, que representou um verdadeiro caos para a história republicana do país, como previam os conhecedores de sua instável personalidade.

Jânio Quadros elegeu-se e, sete meses depois, renunciou à presidência, depois de disparatadas ações que trouxeram intranqüilidade ao governo, ao país e ao povo brasileiro. Concretizava-se, então, a profecia do general Denys a Juscelino Kubitschek, que, com todas as letras, disse ao presidente: *"O senhor vai sofrer muito, o Jânio Quadros é um perturbado mental!"*...

Cumprindo o que prometera no Programa de Metas – de assegurar a continuidade democrática e passar a faixa presidencial ao sucessor –, Juscelino Kubitschek foi duramente atacado. Por isso, como já citamos, através de recado ameaçou dar uma bofetada em Jânio, na própria cerimônia de posse, no caso de ser injuriado.

A posse de Jânio

Jânio Quadros tomou posse e recebeu a faixa presidencial à tarde, numa sacada do Palácio da Alvorada, diante do povo de Brasília. À noite, ocupando o programa oficial *Hora do Brasil,* fez violentos ataques ao governo JK, criticando e condenando o governo e as grandes obras que havia realizado.

De personalidade cheia de "diatribes", de palavras e gestos extravagantes, Jânio era um cidadão que lembrava um esquizofrênico de atos inesperados, e o ato de sua renúncia, com menos de sete meses de um mandato previsto para cinco anos, foi a culminação dos desvios desse biótipo.

O próprio governador Carlos Lacerda, que foi um dos maiores responsáveis pela eleição do presidente, levando-lhe o apoio da UDN e do governo do então Estado da Guanabara, poucos meses após a posse também se tornou um de seus mais ferrenhos adversários. A mesma sensação de desmoronamento de esperanças pouco a pouco invadia os demais políticos, os meios empresariais e, por fim, todo o povo brasileiro...

Poucas semanas depois da posse, Jânio lançou a "Instrução 204", responsável pelo desmonte da política econômico-financeira do governo JK e que continha críticas severas à sua administração. Nesse momento, as forças políticas que apoiavam Juscelino Kubitschek tomaram consciência de que os tempos vindouros seriam de árdua luta, embora alguns companheiros tenham se retraído, preocupados com a preservação de suas bases eleitorais e com sua sobrevivência política, enquanto os novos tempos exigiam, ao contrário, uma reação forte e vigorosa.

Realizamos, para este fim, uma reunião de companheiros no apartamento de Augusto Frederico Schmidt, para decidirmos as melhores respostas aos ataques desferidos pelo governo janista. Fiquei responsável pela defesa do governo no Congresso Nacional e desde logo pedi apoio técnico para o desempenho da tarefa, já que o conhecimento de dados, cifras e números seriam base das respostas para os ataques sofridos.

Nesse momento, tive a felicidade de conhecer José Lopes de Oliveira, um jovem de alto conceito nos escalões econômico-financeiros. Era funcionário do Banco do Brasil – tendo trabalhado com Oswaldo Aranha, Sebastião Paes de Almeida, José Maria Alkmin – e filho de Ivan de Oliveira, ex-diretor de Câmbio do mesmo Banco.

Começamos a trabalhar em conjunto, no apartamento da Rua Sá Ferreira, em que Juscelino residia antes de ser presidente e que não estava ocupado, já que ele estava na Europa. Pronta a resposta, ocupei a tribuna da Câmara dos Deputados no dia 8 de março de 1961 e fiz a defesa do governo JK (íntegra do discurso reproduzida no Anexo deste livro), atacando todos os pontos que figuraram nas duras críticas de Jânio Quadros ao período anterior.

> A impressão que se pretende dar ao povo é de que o Sr. Juscelino Kubitschek nada plantou; de que neste qüinqüênio de 1961 a 1966 nada se vai colher do anterior; de que o Sr. Juscelino Kubitschek recebeu um país que usufruía uma situação de bem-estar insuperável e o depôs arrasado em mãos do Sr. Jânio Quadros.
> *(Hermógenes Príncipe, em discurso pronunciado na Câmara dos Deputados a 8 de março de 1961)*

Vale ressaltar que a equipe de colaboradores de Jânio era muito competente, integrada por nomes como Clemente Mariani, Roberto Campos, Eugênio Gudin e Otávio Gouveia de Bulhões, que concertavam argumentos e ações que tentavam desfazer os êxitos e a notável obra de Juscelino Kubitschek.

> Em toda a nossa História, nos piores transes por que têm passado as nossas finanças, jamais se utilizou de argumentos tão sutis para minar diante do povo o conceito de um ex-Presidente da República; jamais se serviu de tão bem engendrada máquina para levar ao descrédito uma filosofia de governo.
> *(Hermógenes Príncipe, em discurso pronunciado na Câmara dos Deputados a 8 de março de 1961)*

Foi uma resposta digna, audaciosa e competente, como consideraram os meios políticos e as manchetes de primeira página dos maiores jornais do país. *O Globo* publicou o discurso na íntegra e, dias depois, um segundo discurso, defendendo o governo JK dos ataques contidos na "Instrução 208".

Demonstravam coesão os companheiros de Juscelino Kubitschek do PSD-PTB e outros alinhados conosco, que, de resto, estavam em sintonia com o povo brasileiro, que aceitou e acreditou nas posições tomadas por nós, o que revigorava os ânimos e o espírito dos "anos de ouro" vividos durante o governo anterior.

O ex-presidente logo me endereçou uma amável carta de Paris, agradecendo a vigorosa defesa de sua administração. O conteúdo dessa e o de outras cartas também estão no Anexo deste livro, nas quais demonstra o grande apreço e amizade que privamos.

Embora alguns tenham procurado se omitir, escondendo-se temerosos da fúria do governo Jânio Quadros, minha conduta política não se afastou dos ideais juscelinistas de desenvolvimento, nacionalismo e de combate às desigualdades sociais que até hoje atormentam a nação brasileira.

Pouco a pouco, o sr. Jânio Quadros perdia a auréola de salvador da Pátria: não era sóbrio na conduta e abusava demais do álcool. Certa vez, eu estava na residência de José Kalil, empresário paulista que financiava a construção da embaixada do Brasil no Líbano, quando Jânio lá chegou. Já não era presidente. Quando lhe ofereceram uísque, perguntaram se o queria acompanhado de água tônica ou gelo. Ele respondeu: *"Uísque não sabe nadar, logo, eu o quero puro, naturalmente..."* e bebeu umas quatro ou cinco doses, em pouco tempo.

Personagem pitoresco, como o era, sentava-se na calçada, em Vila Maria, na capital paulista, bebendo caipirinha. Quando vereador, levou para o plenário um paralelepípedo de uma rua daquela região e asseverou: *"Apreciem esta pedra que quase matou um representante da cidade de São Paulo que nela tropeçou"*. Era uma crítica irônica a Prestes Maia, então prefeito da cidade. O pai de Jânio era médico e morreu assassinado por um feirante, na cidade de São Paulo, enciumado pelo assédio à esposa, por ele praticado.

Medidas polêmicas tomadas por seu governo afetaram o dia-a-dia do povo, como a proibição das brigas de galo, dos desfiles de maiô em concursos de beleza e o uso obrigatório, no Palácio do Planalto, de um traje de verão, o *slack*, que o povo apelidou de "pijânio".

Conheço outros fatos sobre Jânio Quadros que me poupo de relatar, não desejando decepcionar a boa-fé dos que acreditaram nele. Tenho até um quadro, pintado por ele, em minha residência.

Apenas gostaria de relembrar o alerta do general Denys a Juscelino Kubitschek, a respeito do "homem da vassoura": *"O senhor Jânio não pode tomar posse; ele é louco e vai perturbar a vida do país"*...

A renúncia de Jânio e a posse de Jõao Goulart

Jânio Quadros foi eleito Presidente da República com a mais expressiva votação até então registrada na História do país, derrotando o candidato opositor, o marechal Henrique Teixeira Lott. Seu governo formou um Ministério constituído por prestigiadas personalidades da UDN, como o deputado Afonso Arinos (ministro do Exterior), Clemente Mariani (ministro da Fazenda), Oscar Pedroso Horta (ministro da Justiça) e José Quintanilha Ribeiro (secretário particular).

Decorridos pouco mais de seis meses de mandato, em agosto de 1961, o ministro da Justiça foi ao Congresso Nacional levando uma carta de Jânio Quadros em que este renunciava à Presidência da República. Lido o documento, os congressistas sentiram grande impacto, e o presidente do Senado, Auro de Moura Andrade, que presidia a sessão, declarou vago o cargo de Presidente da República. Como o vice-presidente João Goulart estava no exterior, visitando a China, assumiu o cargo o terceiro na sucessão, o presidente da Câmara dos Deputados, Ranieri Mazzili, obedecendo-se o ritual firmado pela Constituição Federal de 1946.

Os parlamentares estavam estarrecidos com o surpreendente e inesperado ato do presidente, mas, no fundo, tal gesto gerou grande alívio e até alegria em muitos. É importante ressaltar, também, que os governistas, mesmo surpresos e silenciosos com o ato inesperado, não tomaram nenhuma atitude que pudesse suspender, mesmo temporariamente, aquele ato extremo. Bastava que um de seus membros levantasse uma questão de ordem, como, por exemplo, o exame da veracidade da assinatura de Jânio, para que se adiasse a declaração de vacância do cargo diante da relevância da matéria, obrigando o presidente do Congresso a uma imediata investigação. Nada foi solicitado, entretanto, e a renúncia foi efetivamente consumada.

Figuras proeminentes do partido governista, como Milton Campos, Prado Kelly, Adauto Lúcio Cardoso, Mário Martins e muitos outros, sentiam-se certamente insatisfeitas. No entanto, Carlos Lacerda, mentor da candidatura de Jânio à presidência, estava em plena ação de oposição ao renunciante. Não era também do agrado da UDN a substituição do ministro da Fazenda, Clemente Mariani, apoiado por Eugênio Gudin e Otávio Gouveia de Bulhões, pela figura respeitável do deputado Wagner Estelita.

Jânio Quadros acreditava, na verdade, que seu ato de renúncia levaria o povo, que o havia elegido por maioria absoluta, meses antes, a pedir sua volta, o que o faria desistir de renunciar e voltar ao governo com poderes renovados. Ledo engano de estratégia política, principalmente para quem estava acostumado a atos de renúncia que, seguidos de apelos em contrário, sempre o faziam "renunciar à renúncia"...

Ranieri Mazzili, comportando-se como presidente interino, tomou posse, levando o general Odílio Denys para seu gabinete e aguardando a volta do vice-presidente João Goulart do exterior. Sob inspiração militar, Mazzili decretou estado de sítio...

A posse de João Goulart estava ameaçada e eriçou os ânimos dos antigetulistas. O Congresso alterou a Constituição, instaurando o parlamentarismo, sendo eleito Tancredo Neves como primeiro-ministro do presidente João Goulart. Somente mais tarde, depois de um vitorioso plebiscito, retornamos ao regime presidencialista.

O impasse institucional decorria da alteração legal introduzida na eleição do vice-presidente, durante a campanha que elegeu Jânio Quadros. Se a chapa fosse vinculada, eleito Jânio, automaticamente estaria sagrado como vice o deputado Milton Campos. No entanto, com a desvinculação, a população pôde votar em outro vice-presidente, no caso João Goulart, eleito para a presidência em 1961.

Quantos problemas graves atravessaria o país por causa dessa "filigrana" eleitoral! Se o ex-governador de Minas Gerais, o deputado Milton Campos, substituísse Jânio, quase certamente não teríamos os difíceis momentos que culminaram na denominada "Revolução de 64" e em mais de vinte anos de governos militares. Quantos dissabores e sofrimentos não poderiam ser evitados?!

Jânio Quadros era um ator. Lembro-me de que, anos depois, Juscelino estava no Guarujá, cidade balneária da costa paulista, na residência de Sebastião Paes de Almeida, quando recebeu pedido de Jânio para visitá-lo. Ambos estavam com seus mandatos cassados. Juscelino resolveu atender ao seu pedido e Sebastião marcou então a hora da visita. Jânio chegou na hora aprazada e ficou aguardando JK. Quando este apareceu, atirou-se aos seus pés, dizendo: *"Perdoe-me, presidente, perdoe-me..."*.

Juscelino contou-me que ficou tremendamente constrangido com o ato teatral de Jânio, que queria beijar-lhe as mãos. Disse-me que disfarçou, procurando desfazer a situação que o constrangia, asseverando-me: *"Hermógenes, eu não era nenhum santo e ver um ex-presidente do Brasil me pedir perdão era demais"*.

As lideranças pessedistas conheciam os atos desencontrados do presidente e estavam preocupadas com o que poderia acontecer. O próprio JK, legalista como era, ficava triste ao assistir aos desacertos de Jânio, e todos nós constatávamos que o Brasil estava sendo governado por um cidadão completamente anormal. Era difícil acreditar, mas os atos que se seguiram à sua posse deram razão às preocupações que percorriam toda a classe política.

O próprio Carlos Lacerda, um demolidor implacável que não se detinha quando chegava à beira do abismo, atirando-se nele, deve ter reconhecido o grave erro de ter apoiado a eleição de Jânio Quadros, que acabou levando a todos, incluindo o próprio governador da Guanabara, a amargar um futuro de tristeza e sofrimento que se abateu sobre o país.

Mesmo sendo artífice daquela eleição, Lacerda sofreu constrangimentos, como na visita que fez à Brasília para acertar os ponteiros com Jânio. Recebendo a honra máxima de se hospedar no Palácio da Alvorada, Lacerda não conseguiu concluir nenhuma conversa séria com o presidente, não podendo aliviar as preocupações causadas pelo homem que ajudara a eleger. Convidado a ir ao cinema e, depois, a se avistar com o ministro da Justiça, Pedroso Horta, ao retornar ao Palácio da Alvorada o mordomo já estava com sua mala em mãos para encaminhá-lo a um hotel, onde pernoitaria. Era o cúmulo da descortesia...

O próprio Clemente Mariani recebeu, certa vez, estranha indicação de Jânio para que incluísse o governador gaúcho, Leonel Brizola, na delegação brasileira que iria à importante reunião do Conselho Interamericano Econômico e Social, que foi realizada em Montevidéu. Sentindo-se desprestigiado, Mariani pediu imediatamente demissão do Ministério da Fazenda, sendo demovido por Jânio, que demonstrava não respeitar, com tais gestos, as próprias diretrizes de sua administração.

No dia 25 de agosto de 1961, Dia do Soldado, a "ordem do dia" do general Odílio Denys fazia restrição à política externa independente e defendia a adesão aos princípios de autodeterminação dos povos, com base em eleições livres e periódicas.

Em depoimento ao jornalista Joel Silveira, Jânio recordou aqueles momentos:

> Passei em revista a tropa, ouvi a ordem do dia do general Denys e regressei ao palácio. Reuni os chefes dos meus gabinetes Civil e Militar, o ministro da Justiça e meu secretário particular, reiterando-lhes a

minha decisão de renúncia. Determinei, em seguida, ao general Pedro Geraldo de Almeida, que convocasse ao meu gabinete os ministros militares. A alternativa ficou nítida: fechava eu o Congresso e decretava a intervenção em vários Estados ou renunciava. Havia uma terceira solução: cair de joelhos e comprometer, de forma irremediável, a autoridade que era o meu sustentáculo.

Jânio escolheu a renúncia.
Suas diversas renúncias tencionavam sempre provocar cenas que deixavam perplexos seus colaboradores da política e da administração pública. Foram inúmeras renúncias até a última, com a qual o presidente esperava calar a oposição no Congresso e exercer um poder autoritário. Possivelmente, ele queria imitar Fidel Castro, que assim agiu em Cuba, e que lhe aconselhava: *"Em caso de dificuldades, renuncie, que o povo o fará retornar"*. Ledo engano. O triste e fracassado desfecho da última renúncia deve tê-lo marcado para o resto da vida.

A posse de Jango, porém, estava ameaçada. Os ministros militares e muitos oficiais não a aceitavam. Leonel Brizola, governador gaúcho e homem forte do regime, entrou em ação, criando uma "rede da legalidade" que se espalhou pelos Estados do Paraná e de Santa Catarina. O general Henrique Lott, por se pronunciar a favor da posse, foi preso; o general Machado Lopes, comandante do 3º Exército, no Sul, também a defendia. Essa era a posição clara do então senador por Goiás, Juscelino Kubitschek...
A sociedade brasileira temia a crise, que poderia desembocar num estado revolucionário que poria a perder os ganhos desenvolvimentistas obtidos nos "anos de ouro" do governo JK. Até Carlos Lacerda diminuiu sua habitual virulência, temendo o pior, até que surgiu a fórmula que atenuou a tormenta, a Emenda Constitucional que instituía o parlamentarismo no país, proposta pelo velho e respeitável companheiro, deputado Raul Pilla. Essa "meia solução" desagradava igualmente

governo e oposição, mas era o único caminho de saída para a crise. O Ato Adicional n. 4 foi submetido ao Congresso, sendo aprovado por 255 votos a 55, na Câmara dos Deputados, e 47 votos contra 5, no Senado Federal. Juscelino Kubitschek estava entre os que votaram contra, porque essa emenda contrariava todo o seu passado de lutas em defesa do regime presidencialista.

Os dois lados, a favor e contra a posse de João Goulart, cederam, mas convencidos de que o futuro seria de muita luta. E esta resultou em mais de vinte anos de governos discricionários, surgidos do impasse inicial causado pela renúncia do presidente, da rejeição à posse do vice-presidente eleito e de seu governo, que lançou o país numa crise sem precedentes.

A candidatura de JK e a convenção do PSD em 1964

A classe política, especialmente os membros do Partido Social Democrático, e a sociedade brasileira estavam vivendo momentos de temor e ansiedade com o que poderia acontecer à ordem democrática e à paz social, diante da agitação comandada pelo Sr. Leonel Brizola e por líderes sindicais.

João Goulart, na presidência, parecia não compreender e avaliar o drama que atormentava a família brasileira, enquanto a própria Igreja Católica realizava, por todo o país, as "Marchas da Família com Deus pela Liberdade".

Sentindo a gravidade da situação, o PSD resolveu antecipar a convenção do partido para a escolha da candidato à Presidência da República, que passaria a ser no dia 19 de março de 1964 e não em setembro, com estava previsto. Essa antecipação visava acalmar a gente brasileira, ao sentir que estávamos próximos de uma eleição que deveria certamente eleger o Sr. Juscelino Kubitschek e afastar de vez todos os fantasmas que a assustavam em 1965.

O Brizola, com o seu *slogan* "Cunhado não é parente, Brizola para presidente", não se tornaria candidato, pois contrariava a Constituição de 1946 e, seguramente, a Justiça Eleitoral invalidaria a sua candidatura.

A Convenção do PSD, realizada no Palácio Tiradentes, no Rio de Janeiro, foi a maior já realizada em número de presentes e unanimidade dos seus membros, fato nunca dantes acontecido. A bancada gaúcha, composta por Perachi Barcelos, Tarso Dutra e outros, que se dividia em relação a Juscelino Kubitschek, se uniu no apoio à sua candidatura. O ex-ministro Negrão de Lima foi eleito para ser o presidente da campanha, e um dos nomes como seu subchefe era o meu, o que muito me honrou.

Infelizmente, e apesar dos efeitos benéficos que provocou o lançamento da candidatura JK em 1965, o clima não acalmou a ação dos que defendiam a quebra da ordem democrática com a instalação da "República Sindicalista". O mais grave é que vivíamos na época da Guerra Fria, ameaçando-nos com uma nova guerra mundial.

O movimento iniciado dias depois em Minas Gerais, com o apoio do seu governador Magalhães Pinto e das forças do Exército e da Polícia Militar mineiras, levou a uma rápida vitória praticamente sem combate nem mortos.

Para desalento de Jango e dos seus lugar-tenentes, que confiavam que as tropas da Vila Militar e os sargentos se rebelariam, essa reação não se efetivou. A consequência foi, logo depois, o rompimento da ordem democrática que durou 21 anos.

(Mais comentários estão em outros capítulos deste trabalho.)

Conversações com Goulart

O presidente Juscelino Kubitschek esteve por três vezes com João Goulart, advertindo-o sobre a força da revolução (uso sempre a palavra no sentido de ruptura do estado de direito e da ordem constitucional) que partia de Minas Gerais, em 1964, com apoio do governador Magalhães Pinto e da polícia estadual. Chamara a atenção de Jango sobretudo para a atuação da polícia militar de Minas, tradicionalmente legalista, que não era de recuar de suas ações. O ex-presidente conhecia muito bem a corporação, em virtude de ter sido, originariamente, oficial-médico e, depois, seu comandante-em-chefe, na condição de governador.

Jango minimizou as advertências, da mesma maneira como o fez Washington Luís, 34 anos antes, às recomendações de Otávio Mangabeira. Afirmou que encerraria a reação militar atacando, com a Aeronáutica, as tropas sublevadas que começavam a marchar de Juiz de Fora para o Rio de Janeiro e mandando o almirante Aragão deter os movimentos de Carlos Lacerda no Palácio Guanabara.

Juscelino saiu desse contato triste e desalentado com a falta de visão de Jango sobre os acontecimentos. Por mais duas vezes esteve com o presidente, advertindo-o das ameaças a seu governo através do secretário particular Caillard. No entanto, Jango não considerava que estava sendo ameaçado, embora sua reação se voltasse contra o governador Leonel Brizola, seu cunhado, deixando transparecer problemas particulares e familiares que o estavam atormentando...

O secretário Caillard, que era também gaúcho e um dos melhores amigos de Jango, dizia-me, na ocasião: *"Príncipe, estou desalentado. O clima aqui no Palácio Laranjeiras é de indiferença e de confiança de que nada de mais grave acontecerá"*.

O presidente acreditava que as tropas da Vila Militar e os sargentos se levantariam a seu favor, não avaliando a gravidade da situação. Estava alienado. Já seu secretário, que era um homem sóbrio, não compartilhava das noitadas alegres do Palácio Laranjeiras. Deu no que deu e o resto é história...

É necessário dizer que o general Mourão Filho precipitou a deflagração do movimento militar, com a marcha de suas tropas de Minas Gerais para o Rio de Janeiro, contrariando, aliás, ao general

Castello Branco, que achava que tal antecipação prejudicaria o sucesso da conspiração militar.

Durante a marcha rumo ao Rio de Janeiro, Mourão falou ao telefone com Juscelino Kubitschek, pedindo-lhe que intercedesse junto ao general Kruel, então comandante do 2º Exército, para que apoiasse a revolução, atitude que também influenciaria a adesão do general Justino Alves Bastos, comandante do 4º Exército em Recife. Todavia, ele não procurou o general Kruel, porque não apoiava o movimento, apesar de ter ele partido de seu Estado natal, com apoio do governador Magalhães Pinto. Nesse sentido, JK manteve a posição de não participar de nenhum ato de quebra de ordem constitucional, apesar da intranqüilidade que havia no país.

Houve, porém, um momento em que o general Kruel procurou Juscelino, por livre e espontânea vontade, já que era seu admirador e amigo, para lhe relatar que tinha vindo de São Paulo para conversar com Jango, seu conterrâneo e com quem também mantinha laços fraternais.

Kruel pediu a Jango que contivesse os exageros do movimento sindical liderado por Leonel Brizola, Dante Pelacani e líderes operários que queriam fundar logo uma "República sindicalista". Jango respondeu-lhe que não agiria contra o movimento sindical, porque não entregaria para Leonel Brizola o comando popular que havia herdado de Getúlio Vargas.

O general falava ao presidente na qualidade de ex-presidente militar no comando de uma das guarnições mais fortes do Exército, explicitando, naquele momento grave, o sentimento de seus comandados: se não houvesse a cessação das turbulências, ele participaria da ação militar iniciada em Minas Gerais e o presidente seria deposto. João Goulart disse-lhe, então: *"Se o movimento militar vencer essa luta, quero lhe fazer um pedido: poupe minha família de qualquer sofrimento"*. Kruel retrucou, em seguida, que ele não se preocupasse, já que os militares sabiam honrar a farda.

Tal diálogo, relatado logo depois pelo próprio JK, demonstrou-me toda a preocupação e apreensão do ex-presidente com o rumo dos acontecimentos. O general Kruel retornou a São Paulo e, a meio caminho, junto à guarnição de Quitaúna, aderiu ao movimento militar revolucionário. Horas depois, em Recife, o general Justino Alves Bastos também concedeu o seu apoio, acompanhado, no Rio de Janeiro, pelo general Âncora.

Recorde-se, porém, que Jango, sabedor das dificuldades econômicas por que passava o país, enviou ao presidente francês, Charles de Gaulle, um emissário, o ministro da Fazenda Ney Galvão. O banqueiro gaúcho foi a Paris, em companhia de José Lopes de Oliveira, do Banco do Brasil, e de seu assessor especial, com o objetivo de obter créditos no governo francês, diante do estado crítico das finanças do Tesouro, que sofria os efeitos da grave crise política e sindical que ameaçava a ordem socioeconômica. O desfecho rápido da situação interrompeu, contudo, a negociação.

O alívio geral do povo, no entanto, foi transformado mais tarde em frustração, porque foram rompidos os ideais e as regras democráticas. Estava deflagrado, assim, o vitorioso movimento militar de 31 de março de 1964...

Situação internacional e reforma política

Com o término da Segunda Guerra Mundial, em 1945, o mundo passou a viver um período de muitas divisões políticas, com o crescimento dos movimentos de esquerda, que contavam com a simpatia e o apoio da antiga União Soviética. A presença de regimes socialistas no poder, bem como sua influência, tornou-se realidade histórica, cumprindo assinalar que a Europa Oriental passou a ter governos satélites da matriz russa.

A China vivia um processo de efervescência revolucionária, que terminou com a expulsão de Chian Kai-chek do poder e a ascensão do regime socialista de Mao Tsé-tung, cuja influência também se estendeu pelo restante do Sudeste Asiático, no Vietnã, Laos, Camboja e Coréia. Só o Japão fugiu à regra, em virtude do tratado firmado no pós-guerra com os Estados Unidos e com a presença de tropas americanas em seu território, o que neutralizou a ameaça comunista.

Na Europa Ocidental, os movimentos de esquerda obtiveram maioria em muitos governos, o que também estava acontecendo na América Latina, em países como México, Chile e outros. No Brasil, a esquerda cresceu muito com o governo João Goulart, que sucedeu a Jânio Quadros quando este renunciou, ocasião em que a influência dos sindicatos e a agitação de origem socialista, comandada por Leonel Brizola e outros, aterrorizaram as forças democráticas.

A presença no poder em Cuba do Sr. Fidel Castro e a influência de Che Guevara, seu lugar-tenente, nos levantes revolucionários pela América Latina foram determinantes na tendência da política externa norte-americana de defender os ideais democráticos e afastar a ameaça social-comunista. Nos Estados Unidos, na década de 1950, instalou-se até mesmo um clima de "caça às bruxas", sendo expurgados muitos expoentes da política e da vida cultural norte-americana, culminando com o julgamento – por espionagem atômica em favor da URSS – e a condenação do casal Rosenberg à morte na cadeira elétrica. Estávamos em plena Guerra Fria...

O Brasil não poderia fugir a esse contexto histórico marcante, e nossos militares, cuja maioria possuía formação positivista que os impelia contra as regras socialistas, não deixaram de se pronunciar contra as agitações de esquerda, não obstante os episódios anteriores da Coluna Prestes e da Intentona Comunista de 1935, que não permitiam que se dissesse que todos os militares fossem anticomunistas.

João Goulart, que não possuía cultura humanista e política, era bastante influenciado por seu cunhado, o governador Leonel Brizola, político gaúcho de São Borja, área de fronteira em que o caudilhismo era muito forte, bastando lembrar dos exemplos anteriores: Júlio de Castilhos, Borges de Medeiros e o próprio Getúlio Vargas.

Goulart não conseguiu avaliar a força da conspiração militar de 1964, que, acreditava-se, com apoio dos Estados Unidos, ameaçava de fato a seu governo. As diversas manifestações populares, os "apagões" e as greves, o comício na Central do Brasil e a reunião no Automóvel Clube dos sargentos, com a presença do agitador cabo Anselmo, a que o presidente compareceu, tornaram o governo Goulart hostil aos militares. O próprio JK, depois cassado e perseguido pelo regime ditatorial, alertou o presidente, afirmando que ele havia ferido um sentimento muito caro às Forças Armadas brasileiras, que era o da "hierarquia", e que, ao comparecer à reunião dos sargentos, havia *"rasgado a faixa presidencial"*. Jango, não crendo talvez no alcance da conspiração, silenciou e não retrucou àquelas sábias observações...

Ponderações sobre 64

O deputado Fernando Sant'Anna, membro da bancada baiana e do Partido Comunista, era uma figura simpática de engenheiro civil e tinha bons amigos em todos os setores da sociedade. Logo após a Revolução de 1964, encontramo-nos em Salvador e passamos a comentar os acontecimentos; ele estava pessimista, o que contrastava com o meu temperamento permanentemente otimista.

— Hermógenes – dizia ele –, você está muito enganado, esta Revolução veio para ficar pelo menos vinte anos...

— Você está vendo fantasmas, meu caro Fernando – ponderei. Os militares brasileiros têm um sentimento democrático muito forte e, em pouco tempo, retornaremos à democracia.

— Espero vinte anos, Hermógenes – retrucou ele.

Pediu-me que me lembrasse da Revolução de 1930, que veio para derrubar Washington Luís, e as eleições "a bico de pena", em que

Getúlio saiu derrotado. Chefiada por Juarez Távora, Eduardo Gomes, Juracy Magalhães e outros militares, eles também se apossaram do poder e Getúlio acabou ditador por quinze anos...

— Hermógenes, você, com seu otimismo e esperanças, está redondamente enganado. Os militares vieram para ficar vinte anos, pelo menos, no poder. O mundo agora é outro, e espero que você esteja certo.

Tal como predisse Sant'Anna, assim aconteceu. Teria ele melhores informações do que eu, vindas de seus companheiros do exterior? Não sei, mas o que se passou durou mais de vinte anos, para minha tristeza e de todo o povo brasileiro.

3. Bastidores Revolucionários

A sucessão de Jango: a Revolução de 1964

Deposto o presidente Goulart, o comando revolucionário passava a viver uma situação nova: quem seria o novo chefe da Nação? O movimento revolucionário indicava que deveria ser uma figura militar e não civil, que seria eleito pelo Congresso Nacional. Havia, então:
 · o grupo do senador Vitorino Freire, que apoiava o ex-presidente Dutra;
 · o grupo da UDN, que apoiava o general Castello Branco; e
 · o grupo do deputado Hugo Borghi e dos trabalhistas, que desejava o nome do general Amaury Kruel.

Acompanhando de perto as articulações, eu desejava apoiar, no entanto, o candidato que Juscelino Kubitschek, então senador por Goiás, apontasse como o melhor para o país.

Estive com o general Dutra, que fez referências elogiosas a um tio meu, seu colega de turma na Escola Militar, o falecido coronel Custódio Reis Príncipe, o que muito me sensibilizou; e encontrei-me com o general Kruel, com quem mantinha as melhores relações, mas que era o candidato menos cotado, porque apoiado pela maioria dos partidários do governo deposto.

O general Castello Branco contava, por sua vez, com forte apoio militar, por sua competência e formação moral, tendo vários amigos comuns a Juscelino, dentre eles Negrão de Lima, que fora prefeito do Rio de Janeiro e ministro da Justiça, e que fizera a saudação a Castello Branco na festa de noivado com D. Argentina, realizada em Minas Gerais. Outro amigo comum era Augusto Frederico Schmidt, que mantinha forte influência política, empresarial e intelectual. Schmidt, aliás, influenciou muito na promoção a general do então coronel Castello Branco junto a Juscelino. Castello, a propósito, almoçava constantemente no escritório de Schmidt, na Avenida Presidente Vargas, e encontrei-me com ele algumas vezes naquele local.

A luta estava muito séria e Castello tinha a seu favor, no Congresso, uma "tropa de choque" de amigos civis e militares. Houve, então, uma reunião no apartamento do deputado Joaquim Ramos, de Santa Catarina, irmão do senador Nereu Ramos, falecido em desastre aéreo. Lá estavam, também, fortes lideranças do PSD, como Amaral Peixoto, Oliveira Brito, Juscelino Kubitschek e eu, todos esperando o comparecimento do candidato. Quando este chegou, houve a tensa reunião, que se desenrolou, contudo, sem exageros verbais. O general Castello Branco apelou para que JK apoiasse o seu nome, recordando a promoção a general que obteve em seu governo. O ex-presidente respondeu-lhe dizendo que apoiaria o candidato indicado pelo partido e que não fugiria dessa decisão.

Em certo momento da reunião, chegou a notícia de que o comando revolucionário havia lançado um novo Ato Institucional cassando os direitos políticos de muitos cidadãos e políticos. Juscelino Kubitschek, evidentemente, queria evitar uma decisão naquele momento, pressionado que estava por outras forças políticas. Por conseguinte, voltou-se para Castello: *"Eu desejo perguntar ao senhor se será mantido o calendário eleitoral"*.

Essa pergunta era muito pertinente, porque JK era o candidato natural do PSD às eleições de 1965 à Presidência da República. E o general respondeu: *"Naturalmente, o calendário será mantido"*, para depois insistir no apoio de Juscelino, que estava inquieto, muitas vezes batendo com as mãos nas pernas, em sinal de impaciência. Percebendo isso, o general aquiesceu: *"Então, presidente, vejo que o senhor deseja sair para outro compromisso"* – ao que Juscelino respondeu afirmativamente, saindo sem definir sua opção, que entregava ao Partido Social Democrático.

Nos dias seguintes, Brasília fervilhava. Todos queriam receber a palavra de JK, que se escondeu na casa do deputado Renato Azeredo, de Minas Gerais, pai de Eduardo Azeredo, que chegou a governador do Estado. Eu era um dos poucos que sabiam onde Juscelino se encontrava...

Sabia-se que Castello era muito amigo de Carlos Lacerda, um possível candidato à presidência em 1965 e que fez oposição cerrada ao governo JK. Minha opinião, manifestada a Juscelino, era de que estava se tornando muito difícil fugir à candidatura castelista, com o que o presidente concordou. Voltei à Câmara e procurei o coronel Ramiro Tavares, que veio a ser ministro dos Transportes após o governo Castello. Avisei-o de que JK me autorizara a declarar o seu voto em favor do general.

O coronel então me disse que eu deveria transmitir pessoalmente a Castello a posição decidida por Juscelino. Foi para o telefone que existia no salão, fora do plenário da Câmara, sendo atendido pelo general Adhemar de Queiroz, amigo muito próximo de Castello e, depois, presidente da Petrobras. Este me disse que Castello estava em outra reunião e que lhe transmitiria a preciosa informação assim que ele retornasse. Pareceu-me muito feliz com a notícia recebida. A eleição ocorreu dois ou três dias depois e JK e seus correligionários votaram de fato no general Castello Branco.

Depois da posse, Castello Branco convidou-me por três vezes a ir a seu gabinete no Palácio da Alvorada, pedindo-me para fazer parte de seu grupo no Congresso e apoiar o seu governo. Na qualidade de correligionário e amigo de JK, e tendo sido escolhido na Convenção do

PSD, em 1964, junto com Negrão de Lima, para ser coordenador da campanha de Juscelino à campanha de 1965, ficava difícil defender o seu governo. No último convite, em junho de 1964, declarei que isso se tornava ainda mais difícil, porque Juscelino acabara de ser cassado.

Em rápido diálogo, ao final, Castello me disse: *"O senhor deputado Príncipe ainda vai cantar louvores ao meu governo"*. Então lhe respondi: *"General, respeito muito o senhor e digo, com muito prazer, que sou um brasileiro e que tudo o que o senhor fizer pelo Brasil terá, seguramente, meu voto na Câmara"*.

Encaminhei-me para sair e ele, muito sério, levou-me até a porta do gabinete...

Desdobramentos e confidências

O afastamento de João Goulart do governo, sem derramamento de sangue, trouxe grande sensação de alívio e paz à sociedade brasileira, apesar de não haver naquela época uma percepção segura dos rumos a serem tomados.

No dia 4 de abril de 1964, o ex-presidente JK telefonou-me cedo, pedindo que fosse à sua residência. Chegando lá, fui apresentado por ele a algumas esposas de ministros do governo Jango, especialmente as de Abelardo Jurema e Amaury Silva, que estavam muitíssimo preocupadas com o que poderia acontecer a seus maridos, que tinham sido presos e estavam em lugar ignorado.

Desejo observar que sempre tive muito boas relações na área militar, já que provinha de uma família de militares e sempre desejara seguir a carreira, o que não pude realizar em virtude das objeções veementes de minha mãe, que considerava que os militares eram sempre transferidos e ficavam, habitualmente, longe de suas famílias. E, em minha juventude, a opinião dos pais era quase sempre decisiva e jamais contestada...

Conhecedor, por conseguinte, de minhas boas relações na área militar, Juscelino pediu-me, como amigo, que conversasse com o general Costa e Silva, ministro da Guerra e então chefe do movimento revolucionário. Repliquei-lhe que não conhecia pessoalmente o general Costa e Silva e que a Praça Duque de Caxias, onde estava o Ministério, estava totalmente cercada por forças militares, o que dificultaria o contato. JK observou que eu era o único amigo disponível naquele momento para tomar providências e atender àquelas angustiadas senhoras. Ao ver esse infortúnio, sensibilizou-me o apelo do amigo: *"Vou tentar, presidente..."* – respondi-lhe em tom respeitoso, como sempre fazia.

Deixei sua residência e fui ao apartamento do general Maurell Filho, que era segundo chefe do Estado Maior do Exército e residia no Posto 6, em Copacabana. Eu o conhecia desde os tempos de minha participação na Assembléia das Nações Unidas, em 1957, e ele era Adido Militar do Brasil naquela organização. Em conversa com esse meu amigo, manifestei-lhe a solicitação de Juscelino.

Prontamente, o general pôs a farda e levou-me, em seu carro oficial, até a sede do Ministério da Guerra, atravessando sem dificuldades as diversas barreiras militares erigidas na Praça Duque de Caxias e na entrada do Ministério. No saguão de entrada, o general Maurell conversou com alguns oficiais e, depois, despediu-se. Logo após, colocaram-me no elevador que me levaria ao gabinete do general Costa e Silva. Até chegar ao gabinete, o elevador parava em cada andar e o oficial que me acompanhava era obrigado a se identificar.

No gabinete de Costa e Silva, fui recebido cordialmente por alguns coronéis, como Mário Andreazza, e outros oficiais. Após esperar por cerca de vinte minutos, fui recebido pelo general Costa e Silva, relatando a missão de que JK havia me incumbido. Muito cordial e sério, afirmou que poderia dizer a Juscelino que os ministros que estavam presos não sofreriam nenhuma agressão e que foram detidos apenas para depoimento nos inquéritos instalados, após o que seriam soltos.

Essa declaração do general tranqüilizou-me e deixei seu gabinete privado, enquanto os coronéis citados tomavam providências para que eu saísse do prédio do Ministério. Nesse momento, entra no gabinete o general Mourão Filho, que, surpreso em me encontrar ali, pediu-me que o aguardasse por alguns minutos, porque ele estaria por pouco tempo com o general Costa e Silva. O general tinha ido se apresentar ao chefe, porque estava chegando ao Rio de Janeiro e acampava em São Cristóvão com suas tropas, vindas de Minas Gerais. Disse-me, quando saiu, que Costa e Silva o havia convidado para presidir a Petrobras e que assumiria o posto no dia seguinte, convidando-me mesmo para assistir à sua posse.

Pouco depois, ele me perguntou onde eu iria almoçar. Respondi-lhe que em casa, com a família. Então, ele me observou: *"Vou almoçar com você, porque Maria, minha mulher, não está no Rio"*. Levou-me, então, em seu carro oficial e atravessamos aquelas muitas barreiras da Praça Duque de Caxias. Ainda no carro, perguntou-me o que fazia no gabinete de Costa e Silva e relatei-lhe, superficialmente, a minha missão.

Havia boa ligação entre mim e Mourão, já que, no passado, eu levara ao presidente JK um pedido para sua promoção ao generalato. Mesmo assim, pensava comigo: *"Quem poderia imaginar que eu, um deputado ligado a JK, fosse almoçar em minha casa com um dos principais chefes da Revolução!"*.

Durante o almoço, telefonei para Juscelino para avisá-lo de que havia cumprido minha missão e de que, logo após, iria procurá-lo para relatar o que se passara; disse-lhe que, desde já, poderia tranqüilizar as senhoras dos ex-ministros. Quando Mourão percebeu que eu estava falando com JK, pediu-me para também falar com ele. Passei-lhe o telefone e Mourão combinou que iria comigo até o apartamento de Juscelino, em Ipanema.

Passados vinte minutos do telefonema, surgia, em minha residência, o jornalista Mauro Salles, que era redator de *O Globo* e estava na casa de JK quando soube que Mourão Filho estava almoçando comigo.

Mourão concedeu-lhe entrevista e *O Globo* publicou que o general estava em minha residência.

Saímos logo depois da entrevista para o apartamento de JK; em frente ao seu edifício, havia muitos populares que saudaram o general com vivas. Já no apartamento, Mourão foi recebido com abraços calorosos, o que sublinhava o alívio que surgia na sociedade, considerando a apreensão que as famílias estavam vivendo, cansadas do clima de agitação que atormentava o país.

Relatei a Juscelino a minha conversa com Costa e Silva e falei sobre a cordialidade e o respeito com que fui recebido pela autoridade máxima do movimento de 1964.

A cassação de Juscelino

Juscelino Kubitschek teve cassados os seus direitos políticos por ato do presidente Castello Branco, sendo submetido a inquérito policial-militar no quartel da Polícia do Exército, próximo à Praça Saenz Peña, no Rio de Janeiro. Durante esses depoimentos, eu estava na porta do quartel, acompanhado de outros parlamentares, inclusive o saudoso Tancredo Neves.

A preocupação de JK era de que o general Castello Branco fosse ligado a Carlos Lacerda e de que, no exercício da presidência, pudesse atuar em favor do candidato natural da UDN, apesar da posição do militar de que seria plenamente seguido o calendário eleitoral.

O ex-ministro e depois governador eleito do Estado da Guanabara (ex-Distrito Federal), Negrão de Lima, amigo do presidente Castello Branco, obteve a afirmação de que JK não seria cassado, mas que, no caso da pressão que estava recebendo crescer ainda mais, ele o faria para evitar uma crise maior, embora avisasse ao amigo com antecedência.

Na véspera da cassação, em 7 de junho de 1964, Castello passou na casa de Negrão, na Lagoa Rodrigo de Freitas, mas como ele havia saído deixou recado com sua esposa Ema: *"Diga ao Negrão que eu passei por aqui"* e foi-se embora. Recebendo o recado, Negrão interpretou-o como sinal do que Castello Branco lhe havia prometido.

À noite, a pedido de Juscelino, fui à TV Continental do ex-vice-governador e deputado Rubens Berardo, com a presença de Gilson Amado, que era do seu corpo de entrevistadores de elite. Falando francamente, sem medo e dirigindo-me sobretudo aos jovens oficiais das Forças Armadas, alertei os telespectadores para as grandes obras de Juscelino Kubitschek no governo e os feitos extraordinários do presidente em favor do desenvolvimento do país e da preservação de nossa soberania.

O desenvolvimento e o nacionalismo eram as idéias-motrizes legadas por Juscelino à nação brasileira, mas isso de nada adiantou para seus adversários. JK foi cassado, para tristeza e frustração do nobre sentimento democrático do povo brasileiro.

Discurso do deputado Nelson Carneiro

O meu conterrâneo e amigo, conhecido pelo brilho de sua inteligência e como um lutador incansável em defesa dos Direitos do Homem desde sua mocidade, revolta-se, apesar de sempre ter feito parte da oposição, contra a perda dos direitos políticos de Juscelino Kubitschek, sem direito de defesa.

> (...) Numa Nação que se orgulha e envaidece e que a cada momento proclama ser a mais católica do mundo, o povo mais cristão da humanidade, um país onde se multiplicam as igrejas, numa terra onde o culto se divulga desde os lares e as escolas primárias, seria de perguntar: – Onde está esse homem onipotente, maior que Deus, que condena sem permitir defesa?
>
> Não, senhores deputados, houve um julgamento que ficará na História, como o mais triste e desumano de todos. Foi o que

concluiu pela condenação de Jesus Cristo, pois também Jesus Cristo teve defesa.

Está no Evangelho de São Lucas: "Levantando-se toda a multidão, eles o levaram a Pilatos. E começaram a acusá-lo, dizendo: Havemos achado este que perverte a Nação, que proíbe dar tributos a César, dizendo que Ele é mesmo Cristo, O Rei (...)".

Aí estava a acusação formalizada.

E Pilatos, o mais execrado dos juízes (o juiz de Ruy Barbosa esquematizou como o juiz covarde), nem naquele instante, diante da turba, recusou ao acusado o direito de defesa.

E continua São Lucas: "E Pilatos perguntou-lhe, dizendo: Tu és o Rei dos Judeus?".

Aí estava aberta, a Jesus Cristo, a possibilidade de defesa...

"E Jesus Cristo respondeu-lhes: Tu o dizes!"

Não faço, neste instante, a defesa do Senhor Juscelino Kubitschek, mas uma Nação civilizada, esta deve pedir que se conceda a esse homem o direito de defender-se das acusações que se lhe fazem antes de condená-lo.

Prossegue Nelson Carneiro:

No caso do Senhor Juscelino Kubitschek, é preciso significar que esse é um cidadão do mundo, que nasceu no Brasil. Nada devo a Sua Excelência, não freqüentei o seu palácio, não me beneficiei das larguezas do poder, sou um homem que nasceu na oposição e que, tendo traçado uma linha de independência, linha coerente com os meus princípios que nortearam a minha juventude, dela ainda não me afastei.

É preciso dizer aos ansiosos pela cassação do mandato de Juscelino Kubitschek, que o mundo perguntará: Como cassaram os direitos políticos de um homem sem ouvi-lo, e de um homem que projetou o Brasil, em todo o mundo, através da construção de Brasília, de um homem que instituiu a Operação Pan Americana e que, ainda, há um ou dois anos, era convidado pelo presidente Kennedy, juntamente com o Senhor Leras Camargo, da Colômbia, para reformular a "Aliança do Progresso"?

Como agiremos nós, os signatários da "Carta dos Direitos do Homem", numa Assembléia das Nações Unidas, e, ainda mais, a candidato inscrito nos Registros Eleitorais. Cassado? Perguntar-se-á como poderá um homem credenciado pelo apoio do mais poderoso partido organizado neste país ter seus direitos cassados, quando nem sequer lhe dão o direito de defesa.

Compreendo que se negue a defesa, Senhores deputados, quando é para perdoar. E aqui posso lembrar um exemplo: Quando da revolta de Araguarças e Jacareacanga, o Senhor Juscelino Kubitschek não permitiu a defesa de ninguém, porque a ela se antecipou enviando a esta Casa uma mensagem de anistia. [aplausos]

O deputado baiano Nelson Carneiro, depois de uma tenaz luta a favor da Lei do Divórcio do Brasil, foi um vitorioso, e o povo do Estado do Rio de Janeiro o homenageou, elegendo-o senador com uma das mais expressivas votações já havidas. Sua filha, Laura Carneiro, prossegue a sua carreira política com muita coragem e determinação.

A sucessão de Castello e a posse de Costa e Silva

As eleições presidenciais de 1965 foram adiadas. O presidente Castello Branco teve seu mandato prorrogado, desfazendo todas as promessas feitas a Juscelino Kubitschek na reunião no apartamento do deputado Joaquim Ramos. A sucessão de Castello estava bastante tumultuada, mas o general Arthur da Costa e Silva, ministro da Guerra, era o natural candidato militar, já que havia garantido a posse de Castello Branco, em abril de 1964. No entanto, outros candidatos foram surgindo e ficava cada vez mais evidente que Castello não aceitava Costa e Silva de bom grado.

Levantava-se a idéia de uma candidatura civil, que seria a do deputado Olavo Bilac Pinto, da UDN mineira, apoiada pelo grupo de Castello, além de surgirem notícias sobre um candidato militar, o general Jurandir Bizarria Mamede, comandante do 5º Exército no Norte do Brasil. Com o decorrer do tempo, a situação tornava-se ainda mais complexa, falando-se até mesmo numa candidatura conciliatória, representada pelo ex-Presidente da República, general Eurico Dutra.

Inesperadamente, recebi um convite do general Costa e Silva, feito através de um grande amigo, o general Rubens Rosado, que era diretor dos Correios e Telégrafos e primo de D. Yolanda, esposa do então ministro. Fui, então, ao Ministério da Guerra e tive com o general Costa e Silva uma conversa franca e cordial sobre os acontecimentos, com o meu interlocutor afirmando mesmo que estava muito triste com a atitude de Castello em relação a seu nome.

Observe-se que havia, na época, uma visível distinção entre a oficialidade brasileira que representava a realidade da tropa, o "grupo dos quartéis" e o grupo de gabinete, dos oficiais de Estado-Maior, denominado "Sorbonne". O general Costa e Silva era apoiado pelo primeiro grupo e Castello pertencia ao segundo.

Durante a conversa com Costa e Silva, pude perceber a gravidade das divergências. O general falou-me delas com muita franqueza, certamente porque o general Rosado havia lhe informado sobre minha pessoa, de que poderia confiar que o conteúdo das observações não seria revelado.

Confidenciou-me Costa e Silva que tinha simpatias pelo PSD, meu partido e de JK, e que o deputado Adroaldo Costa, "pessedista" que fora presidente da Câmara dos Deputados, era seu tio. Já Castello, segundo o general, era "udenista". Ficava evidente que ele pretendia o apoio do PSD no Congresso. Aceitamos, ao final, conversar novamente, quando ele achasse necessário.

Poucos dias depois, fui chamado novamente por Costa e Silva, que me relatou a situação e disse que as forças contrárias a ele haviam chamado o general Mamede, que estava no Norte, certamente com o intuito de lançar sua candidatura, em virtude do alto conceito que o general usufruía nas Forças Armadas e nos meios civis. Afirmou-me, porém, que, logo que chegou ao Rio de Janeiro, o general Mamede foi a seu gabinete e disse-lhe, francamente, que sabia o motivo pelo qual o haviam convocado: oferecer-lhe a candidatura a Presidente da República. Apressava-se, no entanto, a informar a Costa e Silva que não iria aceitar o convite, reforçando no ministro a admiração pela força de seu caráter.

Relatou-me, também, que sua esposa, D. Yolanda, procurou Castello no Palácio Laranjeiras, fazendo-lhe duras críticas por não corresponder ao apoio que o marido lhe deu, quando de sua indicação à presidência, em abril de 1964. Neste momento da conversa, o general Costa e Silva formulou-me um pedido, que era talvez o objetivo de minha convocação à sua presença:

— Deputado Príncipe – começou ele –, tenho informações seguras sobre sua personalidade correta e confiável e sei também o grande apreço, amizade e confiança que o presidente JK tem pelo senhor. Quero e necessito do apoio do PSD para a minha candidatura, que já considero vitoriosa.

E continuou:

— Mas não quero ser eleito por maioria simples do Congresso, o que me deixaria enfraquecido para as decisões que irei tomar; sem o apoio do PSD e de Juscelino, não terei a tranqüilidade necessária para obter a maioria absoluta.

Respondi-lhe que não tinha a autoridade necessária para lhe garantir esse apoio, mas que iria conversar confidencialmente com JK e relatar-lhe o que estava acontecendo, já que, até aquele momento, tinha guardado aquelas conversas em completo sigilo. Disse-me, então, Costa e Silva: *"É por isso que eu converso com o senhor, porque estou bem informado sobre seu caráter"*.

As conversas com Costa e Silva foram realizadas no gabinete do ministro – e o general Portela, seu chefe de Gabinete e o ex-ministro, coronel Mário Andreazza, então membro de seu gabinete, sabiam de minha presença ali.

O general Costa e Silva contou-me que no Ato Institucional n. 1, que determinava as primeiras cassações de direitos políticos, não constava o nome do ex-presidente Jânio Quadros e que ele próprio, Costa e Silva, o acrescentou. Alguns anos depois, visitando São Paulo em companhia do ex-governador Negrão de Lima, Jânio nos relatou que seu nome havia sido acrescentado a lápis, na lista, observação que confirma as palavras de Costa e Silva. No entanto, nada falei sobre o que sabia ao ex-presidente Jânio...

Procurei Juscelino e relatei-lhe as conversas que estava tendo com o general Costa e Silva. JK ficou estupefato: *"Não é possível, Príncipe, você está me dando uma notícia que me surpreende, é quase inacreditável. Eu não posso, porém, tomar essa posição sem conversar com os companheiros, inclusive o Amaral Peixoto"*. Alertei, contudo, que a conversa teria que ser mantida em completo sigilo...

Voltei à presença de Costa e Silva, relatando a conversa com JK, e disse-lhe que haveria a possibilidade de ficarmos fora do plenário durante a votação de seu nome e que entraríamos, caso não fosse atingida a maioria absoluta, para sufragá-lo. *"Vamos examinar o assunto"*, disse-me o general, finalizando.

É necessário ressaltar que, dias depois, o general Costa e Silva recebeu, em nota lacônica de duas a três linhas, o apoio à sua candidatura por parte do presidente Castello Branco. Tal decisão só foi tomada depois que o ex-presidente Eurico Gaspar Dutra, que também era general reformado, procurou-o no palácio e disse-lhe com toda firmeza que, se não houvesse apoio a Costa e Silva, a situação militar iria se agravar.

O ex-presidente Juscelino Kubitschek chamou-me dois dias depois para comparecer a uma reunião no apartamento de Tancredo Neves, na Avenida Atlântica. Fui recebido, amavelmente, por D. Risoleta, esposa de Tancredo, que me informou que todos estavam reunidos e que logo me chamariam. Passados aproximadamente trinta minutos, JK apareceu e disse-me que estava reunido com seu grupo mineiro e que lá estavam, além de Tancredo Neves, o ex-ministro Sebastião Paes de Almeida, que era candidato a governador, Renato Azeredo e outros. Disse-me Juscelino:

— Príncipe, nós resolvemos mandar uma carta ao Costa e Silva, tratando do assunto da votação e do nosso apoio, e vou lhe pedir que o portador dessa carta seja o Sebastião.

Então, retruquei:

— Presidente, a conversa tem sido comigo. Não fica bem para mim um outro amigo seu levar a carta.

— Eu sei, Príncipe – respondeu JK –, mas você tem que compreender que a decisão não é só minha e você tem o mérito de todo esse trabalho.

Calei-me, mas não gostei da decisão...

Ocorre que Sebastião Paes de Almeida era candidato ao governo de Minas Gerais, mas era amplamente rejeitado pelas forças militares da situação. A carta, levada por ele, daria uma oportunidade de amenizar a reação contra ele na eleição. Percebi, também, que o grupo mineiro, com quem eu tinha as melhores relações, queria também ter maior participação na decisão.

Procurei imediatamente o general Costa e Silva e observei-lhe que a carta seria entregue por outro companheiro de JK, de Minas Gerais, para dar mais afirmação ao documento pelo apoio dado pela base mineira.

Não gostei da decisão, mas aceitei-a para não prejudicar o desenvolvimento do trabalho. No entanto, Costa e Silva não recebeu o portador do PSD mineiro, e Sebastião teve que entregar a carta ao coronel Andreazza, que, certa vez, contou-me, quando conversamos sobre o assunto, que tinha essa carta em seu cofre na sua residência. *"Foi uma decisão errada e precipitada que tomamos"*, disse eu ao presidente. De qualquer modo, votamos e Costa e Silva ganhou com maioria absoluta.

Ressalte-se que o general Costa e Silva recomendou-nos, durante a sua viagem ao exterior, logo após sua eleição no Congresso, que para qualquer assunto a ser conversado deveria ser procurado, em sua ausência, o general Portela, seu chefe de Gabinete. No entanto, considerando minha situação de amigo de JK, jamais procurei o presidente Costa e Silva depois de empossado.

Certa vez, o ministro Rondon Pacheco encontrou-me no Rio de Janeiro e disse-me: *"Príncipe, você não nos procura"*, ao que repliquei, prontamente: *"Não houve necessidade, mas torço para que as coisas corram bem"*...

Exposição sobre a situação nacional em 1967 (Discurso para estudantes)

A velocidade do progresso da técnica e da ciência está conduzindo o mundo a profundas transformações econômicas e políticas. A revolução das aspirações crescentes está exigindo dos governos providências urgentes. A humanidade está impaciente e é preciso correr para atender às reivindicações por melhor padrão de vida, progresso e desenvolvimento.

Desenvolvimento e nacionalismo hoje se confundem. À proporção que um país se desenvolve, o centro das decisões nacionais passa, cada vez mais, a pertencer a seu povo. O desenvolvimento passou a ser um imperativo de segurança nacional, um desafio nacionalista.

O Brasil tem condições excepcionais para enfrentar esse desafio: uma grande extensão territorial, ainda pouco povoada; povo jovem, sem quistos lingüísticos ou étnicos, isto é, sem discriminação racial; imensas riquezas minerais e agrícolas e uma razoável poupança nacional; uma infra-estrutura educacional e industrial que poderá atender a mais de 80% de suas necessidades. Saliente-se, também, que mais de 60% das empresas de base e de crédito estão em poder do Estado.

A tarefa e a responsabilidade de nossos governantes se medem pela coragem e pela determinação com que enfrentaram e enfrentam os obstáculos postos à sua frente.

O presidente Getúlio Vargas foi nacionalista quando libertou o país da oligarquia financeira que asfixiava o seu desenvolvimento. Em 1929, os bancos estrangeiros controlavam 42% de nosso movimento bancário, hoje reduzido a 4%. Também o foi quando criou a legislação trabalhista e fundou a usina de Volta Redonda, a Petrobrás, a Eletrobrás e o Banco Nacional de Desenvolvimento Econômico – BNDE.

O presidente Juscelino Kubitschek impôs uma política nacionalista quando estabeleceu o seu "Programa de Metas". O resultado milagroso dessa iniciativa foi que o brasileiro passou a acreditar no Brasil, e no Brasil dentro de sua casa, com mais conforto, mais recursos e maior número de bens de consumo durável, como geladeiras, rádios, batedeiras... Com coragem, foi queimando etapas, obrigando os governos que o sucederam a exercer o papel de colaboradores compulsórios de sua obra e, dessa forma, fez "em cinco anos um governo de cinqüenta". Ele sabia que "a pressa é a maior inimiga do atraso".

A instalação da indústria automobilística, de construção naval, de mecânica pesada, a ampliação do parque energético nacional, o aumento da produção petrolífera e a petroquímica – todos são atos de uma política nacionalista de desenvolvimento. A construção de estradas, bem como da indústria de locomotivas, de tratores e caminhões, abriu as portas do campo para o desenvolvimento da agroindústria, estabelecendo as bases para um objetivo nacional permanente, a reforma agrária, montando a infra-estrutura do desenvolvimento harmônico da economia nacional.

A construção de Brasília e da Rodovia Belém–Brasília, em ritmo acelerado, infringiu regras orçamentárias e provocou déficits – déficits construtivos, porque Brasília é hoje um pólo de integração nacional e a estrada abriu-nos a conquista da Amazônia, ambas dentro de altos conceitos de segurança nacional e de propósitos nacionalistas incontestes, reconhecidos por nossas Forças Armadas.

A Guerra do Vietnã está comprometendo terrivelmente o orçamento americano, pondo mesmo em risco o valor do dólar como moeda-padrão internacional. Essa é uma guerra de extermínio, cujos resultados só o amanhã julgará, se construtivos ou destrutivos. No mesmo contexto, a aceleração da corrida espacial vem se verificando, obrigando os Estados Unidos a pesados investimentos. Serão eles construtivos? Essas são decisões arriscadas que os governantes tomam e que só a História responderá, se acertadas ou não. É impossível queimar etapas sem correr riscos.

A decisão de Kubitschek de romper com o Fundo Monetário Internacional, em maio de 1959, quando percebeu que máximas e regras daquele organismo impediam os propósitos de sua luta contra o subdesenvolvimento brasileiro, foi, antes de tudo, corajosa e nacionalista. Foi a primeira revolta contra uma instituição que pouco atentava para os graves problemas das nações não desenvolvidas.

A criação da Sudene, da qual muito me honra ter colaborado, atendeu a um dos maiores desafios de nossa história econômica. O êxito de sua estruturação confirma-se com o extraordinário desenvolvimento que se verifica na região, onde vivem mais de trinta milhões de brasileiros. As chaminés se multiplicam, a agricultura, a pecuária e a agroindústria se desenvolvem. A irrigação do Vale do São Francisco, o aproveitamento dos açudes e o emprego intensivo de mão-de-obra fazem surgir um novo Nordeste, economicamente viável e estimulador de nosso mercado interno.

São realizações substantivas e nacionalistas, confirmadas pela Fundação Getúlio Vargas, que, corrigindo os índices de desenvolvimento do Brasil nos últimos dez anos (1957-1967), publicou em sua respeitada revista *Conjuntura Econômica* que o índice de 10,9% de crescimento do Produto Interno Bruto, o mais alto já conseguido em nossa História, foi obtido durante a administração de Juscelino Kubitschek.

Deixo, pois, à jovem platéia que me ouve, as conclusões sobre o significado das iniciativas desenvolvimentistas e nacionalistas que compuseram o governo de JK, considerado por muitos – e por este parlamentar que vos fala – os anos dourados da vida brasileira. Muito obrigado.

A eleição de Médici

Por mais surpreendente que pareça, tive participação nas eleições dos presidentes Juscelino Kubitschek, Jânio Quadros, João Goulart, Castello Branco, Costa e Silva e Emílio Garrastazu Médici. O relacionamento político que angariei no exercício dos mandatos que me foram outorgados pelo povo baiano, a correção e a honestidade de propósitos que caracterizaram minha atuação, seguindo os passos de meus pais e avós, fizeram-me respeitado e admirado pela legião de amigos que conquistei em todas as classes sociais.

Tinha um amigo que se chamava Bartolomeu Américo dos Santos, um pernambucano que morava no Rio de Janeiro e em São Paulo, ao mesmo tempo, e que viveu, quando jovem, em seu Estado natal. Lá, ele mantinha bom relacionamento com figuras importantes do mundo político, como Agamenon Magalhães, Barbosa Lima e o pai do atual Vice-Presidente da República, Marco Maciel. Também no Rio de Janeiro, onde moravam a sua querida mãe e irmã, relacionava-se com militares e empresários de grande importância e influência.

Vivíamos o clima da enfermidade do presidente Costa e Silva, que fora substituído por uma Junta Militar e que morreria tempos depois. O vice-presidente, Pedro Aleixo, não obteve o apoio necessário do *stablishment* militar para concluir o mandato do general. Bartolomeu, naqueles momentos, convidou-me para conhecer alguns amigos seus, do Serviço Nacional de Informações – SNI, todos amigos de seu antigo chefe, o general Emílio Garrastazu Médici, que naquela época era comandante do 3º Exército, que abrangia a região sul. Asseverei a Bartolomeu que não sabia da conveniência em aceitar o convite, posto que era muito conhecido como político ligado a JK.

— Não tem problema – garantiu meu amigo –, porque eles conhecem muito bem a sua ficha de homem de bem e muito reservado em suas ações políticas...

Aceitei aquelas ponderações e dirigi-me com ele ao SNI, onde conheci, entre outros, o general Omar, que, então, ainda coronel, ocupava interinamente a chefia; o coronel Manso Neto, que depois fez parte do gabinete do presidente Médici; e o comandante Thedim, oficial da Marinha. Tivemos uma conversa franca e cordial sobre os problemas que atingiam a escolha do novo Presidente da República, que substituiria a Junta Militar.

Eram candidatos os generais Orlando Geisel e Albuquerque Lima, egressos dos dois grupos que, no Exército, formavam o poder revolucionário. No entanto, acabou sendo escolhido um *tertius*, o general Emílio Garrastazu Médici, firmando o compromisso de transformar o general Orlando Geisel em ministro do Exército. Tomei conhecimento dessas negociações através do que ouvia dos meus recentes interlocutores da comunidade de informações.

Na véspera da posse do general Médici, fui convidado a comparecer ao SNI, que funcionava no prédio do Ministério da Fazenda, na Esplanada do Castelo, no centro do Rio de Janeiro. Levaram-me para uma reunião que tratava da investidura do general Médici e, após algumas considerações iniciais, perguntaram-me como via o quadro político. Falei, então, que era por demais necessário que o novo presidente fizesse um pronunciamento à Nação, antes de ser empossado. Isso era fundamental, principalmente porque o general era um homem muito discreto e de poucas falas, aliás típico procedimento de quem tinha sido chefe da comunidade de informações.

Acreditava que, naquele momento, o general deveria falar ao povo brasileiro sobre seu programa de governo, o que, sem dúvida, iria credenciá-lo também no plano internacional como legítimo representante do Brasil, um país muito relevante no concerto das nações. Acrescentei aos participantes da reunião que os antecessores, Castello Branco e Costa e Silva, fizeram discursos de exposição de suas diretrizes de governo antes das respectivas posses e que Costa e Silva, ainda como ministro do Exército, viajou ao exterior e falou sobre os problemas brasileiros, sendo personagem conhecido interna e externamente. Já o presidente Médici era uma incógnita, o que fazia o pronunciamento ser ainda mais necessário nos planos interno e internacional, além do que havia grande inconformidade e efervescência na área militar que precisava ser acalmada.

Minha exposição foi aceita e louvada como altamente tempestiva para aquele momento de posse. Foi aí que um dos militares fez uma ponderação, que me deixou completamente surpreso e perplexo:

— Deputado, o senhor vai ficar responsável por esse pronunciamento do general Médici!

Tomado pela surpresa, disse que isso seria impossível, porque eu não conhecia pessoalmente o general Médici, nem seu pensamento nem suas diretrizes, tampouco me sentia capacitado para assumir tal delegação, porque, como bem sabiam, tinha uma posição divergente. No entanto, os meus interlocutores voltaram-se para mim, sobretudo o coronel Manso Neto, dizendo: *"O senhor, neste pouco tempo que lhe conhecemos, tem nosso respeito e nossa confiança"*.

Ainda relutei, mas acabei cedendo, até para corresponder à confiança daqueles novos amigos. Adverti, porém, que havia muito pouco tempo para preparar o discurso e a posse transcorreria dois dias depois, não sabendo se poderia satisfazer àquela sensível incumbência. Retrucaram-me que sim, era possível sim...

Saí daquela reunião, começada às oito horas da manhã, de cabeça quente e tomei a direção da residência de um amigo de grande competência e discernimento político, e que já havia produzido trabalhos de redação notáveis. Ao chegar, às 9h 30min, ele, surpreso, perguntou-me:

"O que há?" – e respondi-lhe depressa: *"Fato muito importante e sério e só você pode me ajudar".*

Relatei-lhe, então, sumariamente, os assuntos da reunião e ele, descrente, exclamou: *"Príncipe, você está maluco. Isso não é possível, eu não acredito".* Ele pensava que eu estava exagerando e repetia: *"Não é possível!"...*

— Bem – retruquei –, se você não acredita, e não era mesmo para acreditar, vou fazer uma ligação telefônica e você vai ouvir a delegação que me foi dada para fazer o discurso.

Atendido o telefone, perguntei a meu interlocutor:

— Até que horas vocês querem o trabalho?

— O mais rápido possível, até amanhã, pela manhã, para que haja tempo de chegar ao destinatário que deve falar à noite, na *Hora do Brasil*...

Ouvindo pela extensão, ainda espantado, meu amigo exclamou:

— É verdade mesmo!...

Logo pusemos mãos à obra, e eu depositava a maior confiança nele, porque o conhecia bem. Conversamos sobre alguns pontos, que considerava necessário citar, e o resto ficou com o próprio. À noite, já me telefonava, dizendo que o trabalho tinha ficado pronto e que o estava batendo à máquina. Naquele tempo, não havia *fax* nem computador...

Cedo, telefonei ao SNI e disse que compareceria, conforme solicitado, às oito horas da manhã. Tudo combinado, fui ler a redação, que aprovei, e segui para a reunião. No caminho, indagava-me: *"Será que aprovariam?"...*

Lá estavam diversos oficiais reunidos, quando entreguei o documento, dizendo: *"Não sei se os senhores vão aceitar o que está dito aí, porém, procurei fazer o melhor. Leiam e respondam".* Surpreendentemente, porém, retrucaram: *"Não, deputado, quem vai ler é o senhor, que, como político, sabe ler melhor".*

É bom salientar que já não era mais deputado, mas, por respeito, eles assim me chamavam. Li o pronunciamento e, durante a leitura, percebi a visível concordância dos presentes. Terminada a leitura, aplaudiram-me e providenciaram um avião da FAB, que iria a Porto Alegre levar o material, porque ele seria utilizado pelo general logo à noite, na *Hora do Brasil*. Fui ouvir o discurso na residência de meu amigo que o havia preparado.

O novo presidente leu-o na íntegra, só acrescentando uma frase de maior respeito ao falecido amigo, Costa e Silva. Saudamos o resultado, porque teve um efeito extraordinário, acalmando as dissidências militares e sendo aplaudido por todos, mesmo pelos meios de comunicação, que deram manchetes em total apoio, na manhã seguinte.

Juscelino Kubitschek, que nada sabia sobre a minha participação no episódio, telefonou-me logo cedo e disse:

— Príncipe, você ouviu o discurso do Médici na *Hora do Brasil*?

E acrescentou:

— Tínhamos um estadista no Exército e não sabíamos, extraordinário...

— Presidente, mais tarde passarei aí para conversarmos, já que não lhe relatei minha participação nesse episódio, porque o caso era sigiloso – expliquei.

Devo observar que foi a primeira e única vez que participei dos bastidores do governo Médici, porque dali em diante o general Otávio Costa assumiu a posição de editor. E jamais estive pessoalmente com o general, nem antes nem durante o seu governo, mantendo, contudo, muito boas relações com alguns membros de seu Ministério. Acredito, também, que Médici jamais soube de minha interferência no caso, e não tinha mesmo que saber. O redator da peça continua bem vivo e atuando nas sombras, como sempre gostou de fazer, com pleno êxito...

Aquele discurso, no entanto, foi um marco histórico, aplaudido e louvado pelo povo brasileiro e por todos os verdadeiros democratas, sendo citado muitas vezes pelo jornalista Carlos Castello Branco, em sua famosa coluna política do *Jornal do Brasil* e, recentemente, pelo escritor e cronista Luís Fernando Veríssimo, em *O Globo*, que lembrou uma de suas frases: "Não vamos jogar lama no passado"...

O governo Médici transformou-se, porém, infelizmente, no mais duro dos governos que tivemos em mais de vinte anos de regime militar, desfazendo todas as esperanças de um breve retorno às eleições livres, tão almejada pelos brasileiros e, sobretudo, pelos redatores de seu discurso, sempre imbuídos de belos propósitos.

Indicação para a Bahia

Fui procurado reservadamente pelo coronel Manso Netto, que era assessor especial do general Emílio Médici, então Presidente da República, para conversar sobre o nome que seria indicado pelo governo para disputar a eleição indireta para governador no Estado da Bahia.

Manso Netto informou-me, de início, que estava autorizado pelo presidente a indicar nomes para o governo dos Estados, que seriam aprovados ou não, e continuou a conversa, com cautela, advertindo-me de que meu nome merecia muito respeito e até homenagens por parte do governo, mas que minha posição política, bastante conhecida, tornava impossível a minha indicação para o cargo. Ele então desejava proceder a uma consulta para que encontrássemos um nome que pudesse ser realmente aceito pelo governo. Respondi-lhe, contudo, que isso não era fácil para mim, que era difícil encontrar a indicação de um cidadão baiano ajustado ao regime que governava o país. Pedi, mesmo, que me desse tempo, pelo menos o mínimo, para responder à sua solicitação, mas lá no fundo me dizia: *"Outro fato inusitado acontece em minha vida política!"*.

Levei-lhe o nome do ex-deputado João Mendes, grande amigo e um prócer importante da força política que apoiava o governo. Fora presidente da "Aliança Democrática", organização de índole fortemente conservadora e de grande atuação nas hostes políticas, de que também eram expoentes o governador Abreu Sodré, Paulo Egydio Martins, Herbert Levy e muitos outros. O ex-deputado João Mendes exercia, ainda, o prestigioso cargo de ministro do Superior Tribunal Militar, sendo escolhido para a respeitável Corte por méritos políticos e competência jurídica.

A princípio foi bem recebida a minha indicação, que dificilmente sofreria qualquer reação negativa. Viajei depois para a Bahia, onde João Mendes estava de férias, em sua fazenda próxima à Feira de Santana. Encontrei-o deitado numa rede na varanda da casa. Ao cumprimentar-me, perguntou, surpreso: *"Meu caro Hermógenes, o que o traz aqui?"*. Relatei-lhe então o motivo da visita e, entre perplexo e desconfiado, ele se indagava interiormente como um membro da oposição como eu, ligado a JK, estaria desempenhando tão importante missão.

João Mendes era imbatível: tinha prestígio indiscutível entre as forças governistas, coragem cívica e física e, especialmente, muito caráter e sinceridade. Ele me conhecia muito bem e sabia que eu não era um homem dado a safadezas políticas. Recomendei-lhe que viajasse o mais rápido possível ao Rio de Janeiro e ele, entre espantado e esperançoso, começava a imaginar-se governador da Bahia, porque, de resto, é um desejo almejado por qualquer político governar o seu Estado natal. No dia seguinte, chega ao Rio, hospedando-se na casa de seu filho, Luiz Augusto Mendes, o Gugu, como era conhecido na Bahia e no Rio de Janeiro, recém-falecido.

Avisei ao coronel Manso sobre a sua presença e Mendes foi encontrá-lo, voltando muito satisfeito e sentindo que sua hora havia finalmente chegado, já que era muito bem recebido pelos meios militares e aprovado pelo general Ururahy, de muito prestígio, e que era também ministro do STM. Avisou-me de que iria chamar o ex-governador Lomanto Júnior e relatar-lhe os fatos. Lomanto chegou, conversou com João Mendes e depois me disse confidencialmente:

— Hermógenes, é inacreditável que você vá fazer o novo governador da Bahia!

O concorrente da Arena, o partido governista, diziam, estava desesperado. Eis que, com a indicação bem-aceita na área política, três semanas depois, João Mendes me chama à casa de seu filho e, com fisionomia muito triste, olhos cheios de lágrimas, confidencia-me:

Juscelino, o prefeito Mendes de Moraes, Hermógenes Príncipe e outros participantes da festa comemorativa do 92º aniversário de fundação da Casa Granado, Rio de Janeiro.

Presidente da Câmara dos Deputados, Flores da Cunha, com o ministro Oswaldo Aranha e deputados federais, dentre eles Augusto Viana, Pereira da Silva, Bento Gonçalves e Hermógenes Príncipe.

General Lott com os deputados Bento Gonçalves, Celso Brant e Hermógenes Príncipe.

General Mourão Filho, líder da Revolução de 64, na residência de Hermógenes Príncipe, no Rio de Janeiro, sendo entrevistado por Mauro Salles, do jornal O Globo.

Dia da Revolução, o General Mourão e Hermógenes chegando para almoçar (ao lado).

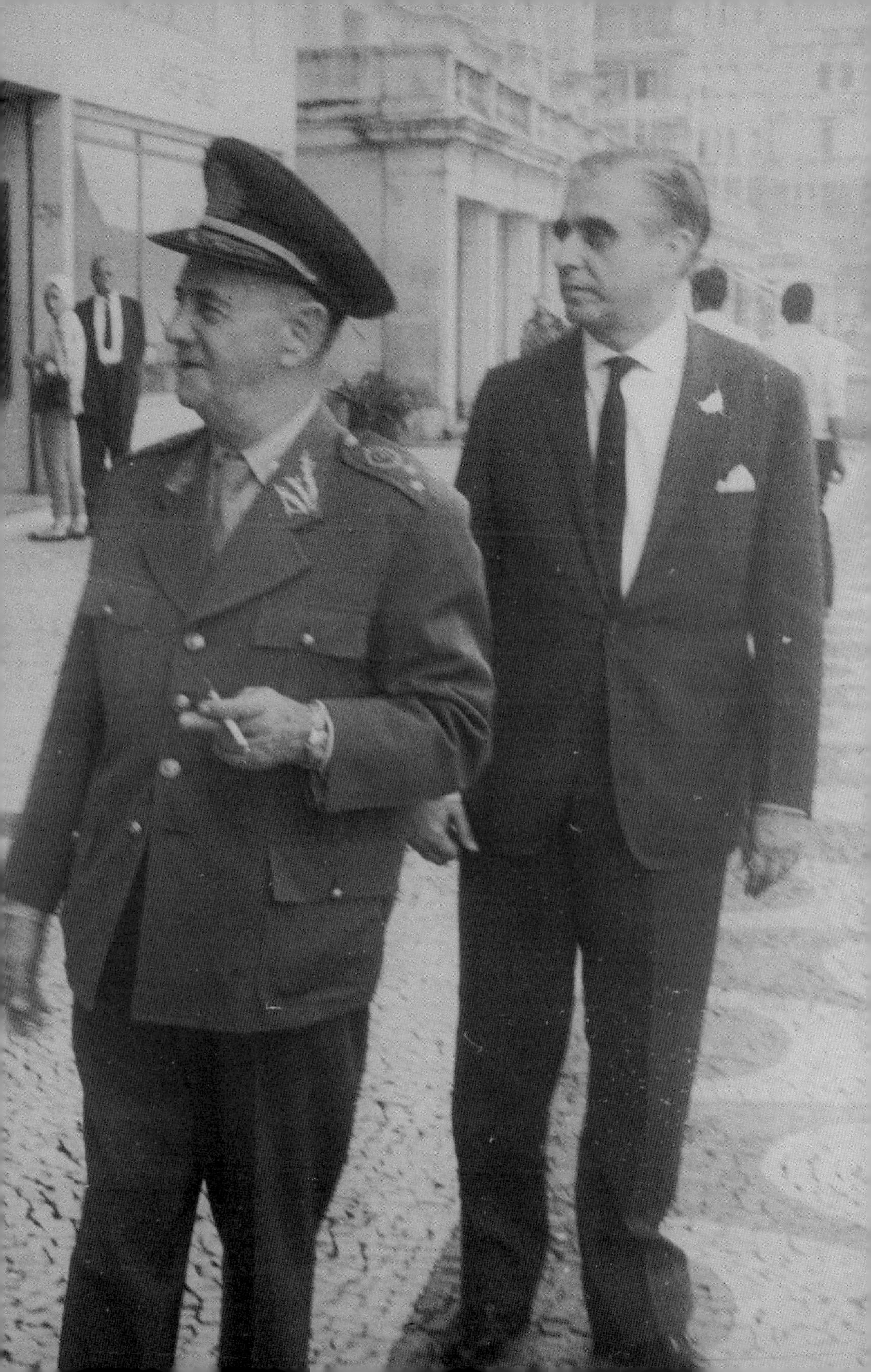

Juscelino e Antônio Balbino, ex-governador da Bahia, na residência de Hermógenes Príncipe.

Getúlio Vargas, Ernesto Simões Filho, Ministro da Educação e dono do jornal A Tarde, o governador Régis Pacheco e o jornalista baiano Joel Presídio.

*Ivo Soveral, os deputados federais José Medrado e Raimundo de Brito,
o vice-presidente João Goulart e os deputados federais Augusto Viana e Hermógenes Príncipe.*

Presidente João Goulart e deputados, dentre eles Hermógenes Príncipe.

Juscelino, Carlos Lacerda, Lucy Bloch, esposa de Adolfo Bloch, da Manchete, *Sarah e Márcia Kubitschek, Hermógenes Príncipe, o embaixador Hugo Gouthier, o Ministro Sebastião Paes de Almeida e Baldomiro Bárbara, esposo de Márcia.*

REPORTAGENS FOTOGRÁFICAS
J. ALMEIDA FOTÓGRAFO EXCLUSIVO DO RESTAURANTE TÍPICO "A SEVERA"
RUA D. JOÃO V, 7 A • P. 7 • LISBOA • TEL. 650256

Durante a formação da Frente Ampla, em Lisboa, Portugal.

*Na visita do embaixador russo, a presença de Hermógenes Príncipe,
Oswaldo Aranha e Ciro Freitas Vale, embaixador brasileiro na ONU.*

XII Assembléia-geral da ONU: Hermógenes Príncipe, Oswaldo Aranha, Irene Dunne, estrela de cinema e membro da delegação americana na ONU, e o embaixador do Chile.

Convidados a visitar os EUA pelo governo americano: deputados Aurélio Viana, Bento Gonçalves, Edvaldo Flores, Hermógenes Príncipe e Clemens Sampaio (da esquerda para a direita).

Hermógenes Príncipe, Oswaldo Aranha e o chefe da delegação da Indonésia, no XII Assembléia-Geral da ONU.

Mesa diretora na sessão preparatória do 1º Congresso de Municípios Brasileiros: seu presidente Hermógenes Príncipe e os secretários Henrique Soler, presidente da Câmara de Vereadores de Santos (SP), e José Lopes Duarte, prefeito de Atalaia (AL).

1º Congresso de Municípios, realizado no Hotel Quitandinha, em Petrópolis, RJ.

1º Congresso Nacional de Municípios, presidido pelo presidente Dutra no Hotel Quitandinha; atrás, estão os vereadores Hermógenes Príncipe e Jânio Quadros.

Hermógenes Príncipe em programa de TV.

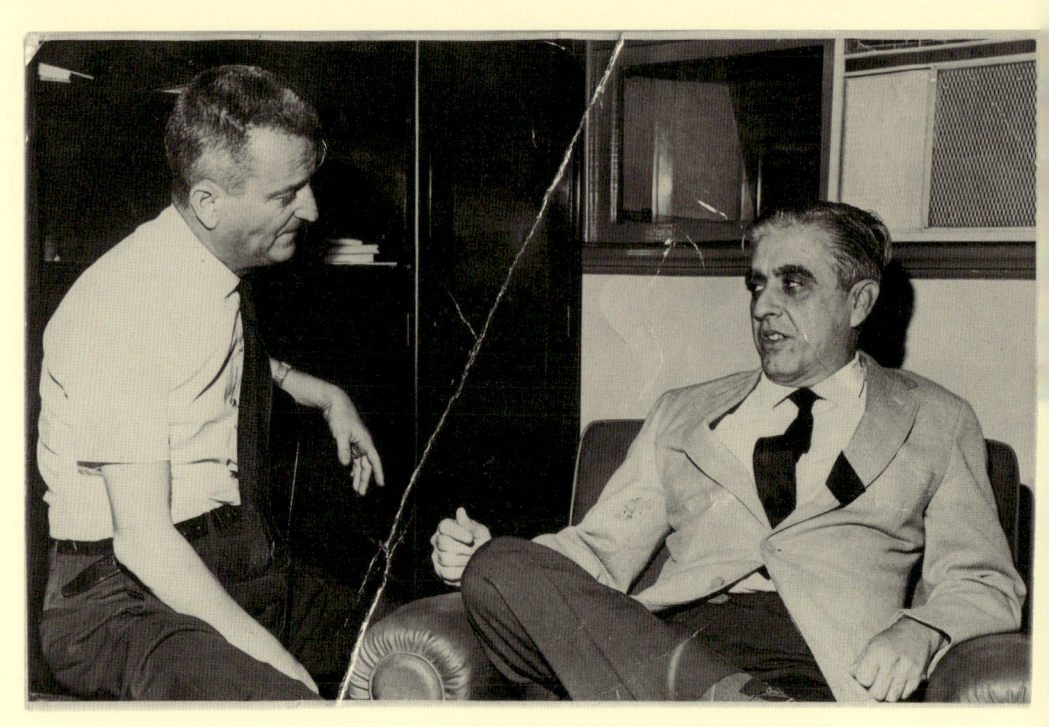

O jornalista Maurício Nasserman entrevista Hermógenes Príncipe.

Hermógenes Príncipe, em entrevista à imprensa.

Na Copa do Mundo de 1958, Hermógenes Príncipe com Didi e Nilton Santos.

Amaral Peixoto, deputado Saturnino Braga (pai) e Hermógenes Príncipe (ao lado).

JK e Angelina Maria, filha de Hermógenes Príncipe, na festa dos 15 anos, em sua residência.

Hermógenes Príncipe na tribuna da Câmara dos Deputados.

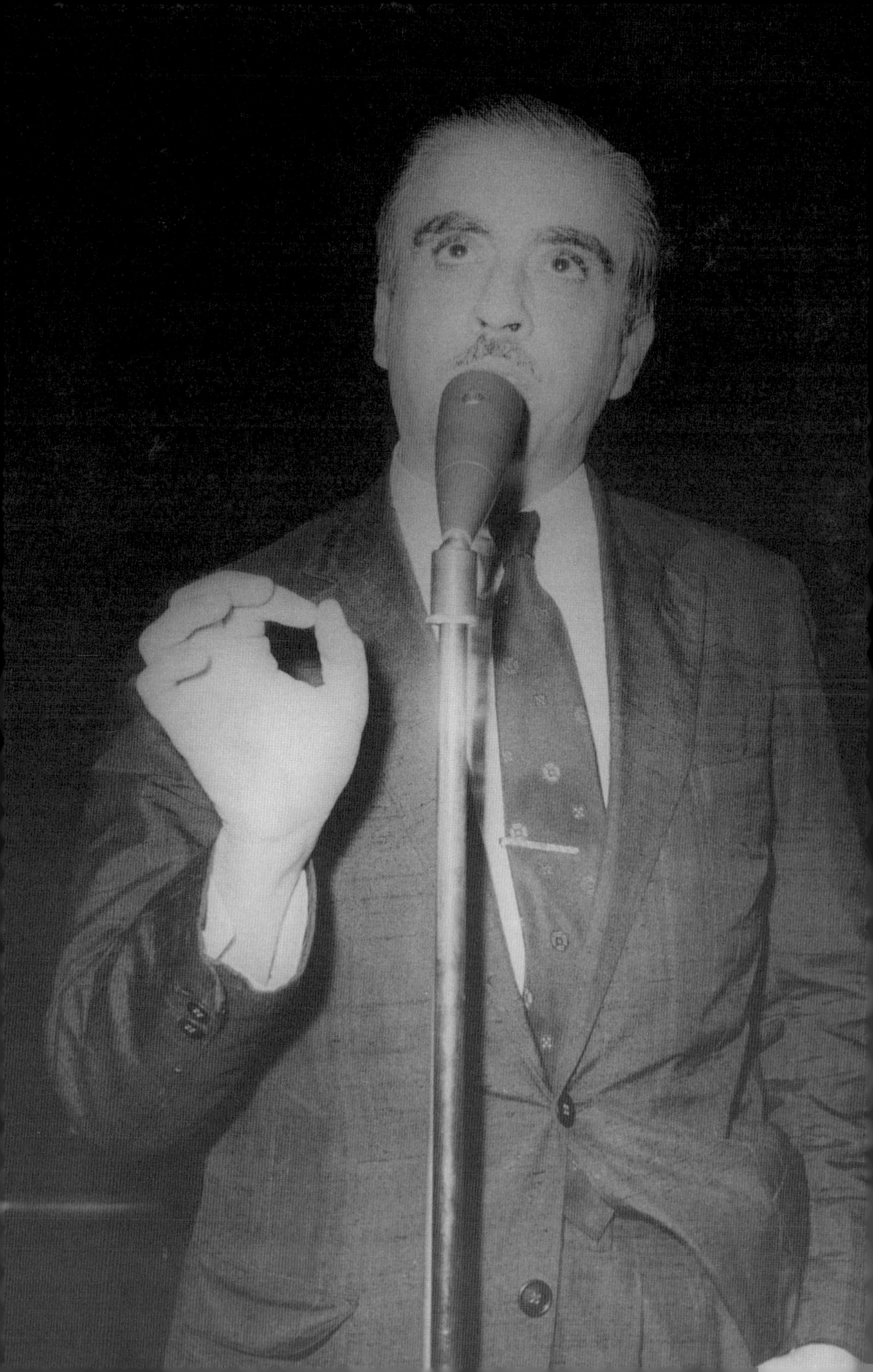

— Hermógenes, não posso mais aceitar a minha indicação para governador, da qual você está sendo o grande condutor, porque fui consultar o meu médico particular e ele me fez um prognóstico terrível: que eu tenho muito pouco tempo de vida. O meu aspecto físico está aparentemente bem, mas o coração está muito mal...

Abalado e triste, tentei ainda argumentar de que ele deveria procurar uma segunda opinião médica, já que parecia estar tão bem, ao que ele prontamente recusou:

— Não adianta, Hermógenes, ele, além de bom médico, me conhece bem clinicamente. Vou procurar os nossos amigos e contar-lhes o que de terrível aconteceu comigo.

Renunciei à missão e o governo indicou outro nome, que demonstrou, no caso, ter grande estrela política, porque ganhou "no WO", como se diz em gíria esportiva. De fato, poucos meses depois, João Mendes faleceu quase que repentinamente. Desgostou-me não ver no governo da Bahia um homem com tantos méritos para ser um grande administrador.

Assim é a vida: o homem põe e Deus dispõe. O quadro político da Bahia seguiu, então, o seu destino, que o povo baiano e os brasileiros, hoje, conhecem muito bem...

A morte de JK

A morte de Juscelino Kubitschek tem sido comentada por muitos e até já foi motivo de uma comissão especial da Câmara dos Deputados, em que foram ouvidas as mais variadas versões, sobretudo as de que o acidente de automóvel que matou o presidente fora "um desastre encomendado", que ele teria sido vítima de forças interessadas em eliminá-lo do quadro político e outras, que admitiam um simples desastre ou uma fatalidade posterior a um encontro amoroso.

Vou relatar a minha versão, que acredito ser a mais verossímil e racional, fruto da análise da situação do país e das conversas sigilosas que mantinha com JK sobre o que estava acontecendo e se modificando, prenunciando no horizonte o lento processo de abertura política. Em decorrência da fase em que a nação brasileira estava vivendo à época, aconteceram fatos que sou obrigado a relatar e que me conduziram a novas conclusões. Vamos a eles:

Conversava com Juscelino na sede do Banco Denasa, que pertencia a seus genros Baldomiro Bárbara e Rodrigo Lopes, casados, respectivamente, com suas filhas Márcia e Maristela. Nesse local, o ex-presidente mantinha um gabinete e recebia velhos amigos; ali eu comparecia quase que diariamente, sem contar as visitas que lhe fazia na residência da Avenida Atlântica.

Certa vez, Juscelino me confidenciou:

— Príncipe, estou muito triste. O Geraldo, meu motorista, está muito mal, com uremia, não sei se sobreviverá.

De fato, o presidente estava muito abatido, porque Geraldo o acompanhava desde os tempos em que JK fora prefeito de Belo Horizonte, continuando a ser seu motorista quando se tornou governador e, depois, Presidente da República. Era ele, a propósito, quem conduzia Juscelino aos encontros mais sigilosos...

— Meu caro Príncipe – continuou JK –, ele está muito doente e sei que você gosta muito dele e ele de você.

— É verdade, presidente – respondi-lhe. Tenho muita simpatia pelo Geraldo e ele tem me demonstrado muita amizade. Vamos lutar por sua vida, é o que temos de fazer...

Éramos médicos e conhecíamos a gravidade da doença.

Passados alguns dias, Juscelino perguntou-me sobre a possibilidade de emprestar-lhe meu motorista por alguns dias, já que ele o conhecia quando eventualmente saíamos juntos. Meu motorista, Demétrio Lopes dos Santos, ficou exultante quando lhe falei do pedido do ex-presidente, porque era admirador de JK e se sentia honrado com a possibilidade de servi-lo. Dedé, como era carinhosamente apelidado, era baiano como eu e trabalhava para mim há muitos anos.

JK também recorria a outros amigos, que lhe cediam os seus motoristas, já que Geraldo, mesmo que melhorasse muito de saúde, não poderia mais trabalhar. Seus amigos íntimos até sabiam dessa situação.

Voltemos às confidências de JK naqueles tempos. Dizia-me o ex-presidente:

— Príncipe, estão acontecendo fatos que me indicam que a situação política está mudando. Estou regressando dos Estados Unidos, como você sabe, onde fui fazer umas conferências a convite de Organizações Universitárias Americanas. Quando cheguei ao Hotel Waldorf Astoria, onde sempre me hospedo quando vou a Nova York, encontrei uma linda *corbeille* de flores que me foi enviada pelo general Vernon Walters, com dizeres elogiosos e expressões de boas-vindas.

O general Walters havia sido oficial de ligação das tropas comandadas pelo general Mark Clark, comandante-em-chefe das operações na Segunda Guerra Mundial junto à Força Expedicionária Brasileira, na campanha da Itália. Era poliglota, falando perfeitamente o português. Tornou-se amigo dos oficiais brasileiros do Estado-Maior, do general Mascarenhas de Morais e dos então coronéis Castello Branco e Golbery do Couto e Silva. Depois da guerra, veio a ser adido militar no Brasil, junto à embaixada americana, e foi substituído aqui pelo general Arthur Moura, meu amigo. Vernon Walters retornou a seu país, sendo nomeado para importantes cargos de primeiro escalão do governo, tornando-se uma das mais expressivas figuras da nação americana. O general voltou ao Brasil em janeiro de 2002 e faleceu dias após o retorno aos Estados Unidos.

— Eu já tinha estado outras vezes nos Estados Unidos – continuava JK –, sempre a convite de universidades para conferências, e nunca recebi nenhuma mensagem de qualquer autoridade americana. É um sinal de mudança.

Tais mudanças podiam ser muito bem corroboradas por mim, porque fui convidado por três vezes para almoçar com o embaixador americano Lincoln Gordon na própria embaixada, em Botafogo.

E as conversas eram agradáveis e respeitosas, sem nenhuma vinculação política, mas assinalando uma nova atmosfera, sendo eu reconhecidamente ligado a JK.

Hoje, aliás, Gordon está morando em Washington e ultimamente lançou um livro de grande repercussão nos meios americanos, já que preside uma organização de estudos sobre a América Latina. Sempre citado e reconhecido no Brasil, é um *brasilianista* de carteirinha e coração, falando perfeitamente o português.

A imprensa e os meios políticos brasileiros comentavam, também, que era viável uma próxima abertura democrática, considerando que havia certo esgotamento do processo revolucionário ainda existente. E que refletiam, naturalmente, as alterações da política exterior que estavam se efetivando entre nossos vizinhos do Norte.

Chamou-me JK certa manhã, poucos dias antes de sua morte, dizendo que tinha recebido convite de um grupo de políticos que iriam se reunir em São Paulo, com objetivo de discutir matérias importantes para a administração do país, que haviam começado em seu governo, e, certamente, assuntos de natureza política estariam em pauta. Estariam presentes os ex-governadores Carvalho Pinto, Laudo Natel e Luiz Nogueira Garcez. E repetia, com entusiasmo, o ex-presidente:

— Príncipe, a situação está mudando para melhor...

— Deus queira – respondi-lhe –, e já estão mudando tarde...

— Quando voltar de São Paulo, vamos conversar – encerrou JK.

E partiu feliz, com a possibilidade de mais uma nova rodada de conversas que auxiliassem a abertura política, cumprindo notar que Juscelino estava até mesmo conversando com chefes militares sobre os novos momentos nacionais, incluindo aí o almirante Sílvio Heck, um dos grandes chefes da Revolução e que se encontrara reservadamente com Juscelino.

Pouco antes, todavia, houve um fato que muito nos intrigou. O médico Guilherme Romano, proprietário da Casa de Saúde Santa Lúcia, no Rio de Janeiro, com quem eu mantinha muito boas relações, convidou-me para ir à Brasília com ele e conversar com o general Golbery. Era conhecida, nos meios sociais e políticos, a amizade de Guilherme Romano e o general Golbery, homem forte do regime. Mesmo assim, estranhei o convite.

Quando vinha ao Rio de Janeiro, Golbery sempre se hospedava no grande apartamento de Romano, em Ipanema, e a esposa do general, assim como ele próprio, recebia atendimento na famosa clínica do médico. Eram, pois, grandes amigos e de muito boa convivência.

Aceitei o convite, porque, como dizia o governador baiano Otávio Mangabeira, não se deve recusar convite de presidente, mesmo sendo adversário, o que ele próprio fez, quando, como membro da UDN, visitou o presidente Dutra, o que resultou no governo de coalizão à época. E o general Golbery era o chefe político do governo...

Fomos juntos à Brasília e Romano disse-me que eu ficaria hospedado com ele na Capital; dirigiu-se, então, para a Granja do Riacho Fundo, residência oficial de Golbery. Espantei-me:

— Eu, hospedado em casa de Golbery? – perguntei-lhe, surpreso.

Ele retrucou:

— É onde me hospedo sempre que venho aqui, e você é meu convidado. E mais, Golbery está atendendo à esposa, que está com problemas de saúde.

Romano tinha o melhor relacionamento com os serviçais da residência, o que demonstrava a sua intimidade com o ministro-chefe da Casa Civil, e ele fazia toda a força para chamar a atenção sobre isso.

No dia seguinte, fui levado à presença do ministro, no Palácio do Planalto. Conversamos cerca de uma hora sobre diversos assuntos e fui tratado com muita cortesia por meu interlocutor, demonstrando que havia um desejo de relaxamento político, embora não se tenha tocado, em nenhum momento, no tema da abertura política.

Ao voltar ao Rio, conversei com JK sobre a viagem à Brasília e onde estive hospedado. Dias depois, Juscelino foi a São Paulo e, retornando ao Rio de Janeiro, ocorreu o terrível desastre.

A viagem de carro, com o motorista Geraldo dirigindo à noite, foi objeto de diversas suspeitas e interpretações desencontradas. Teria o presidente ido conversar com o cardeal de Aparecida do Norte, D. Carlos Motta, que havia sido arcebispo de Brasília? Outra versão, mais especulativa, assegurava que Juscelino tivera um encontro amoroso, a meio caminho do Rio de Janeiro.

Na verdade, JK saiu da residência da revista *Manchete*, em São Paulo, em direção ao Rio de Janeiro, num carro com o motorista de confiança de Adolfo Bloch, presidente da Bloch Editores e seu grande amigo. Poucos minutos depois, próximo à entrada da Rodovia Presidente Dutra, num posto de gasolina, encontrava-se o seu motorista Geraldo, esperando em outro carro.

Isso era realmente muito estranho, porque Geraldo não possuía mais as condições necessárias ao desempenho de suas funções e, por causa disso, Juscelino se utilizava dos motoristas dos amigos, inclusive o meu. Por isso, ao dispensar o carro cedido por Adolfo Bloch e seguindo em outro, dirigido por Geraldo, tomava uma atitude temerária, em virtude do estado de saúde do amigo e colaborador de longos anos. Tal atitude também discrepava dos hábitos conhecidos de JK, que preferia viajar de avião, tendo mesmo viajado para a capital paulista por via aérea. Infelizmente, a meio caminho entre as duas cidades, ocorreu o desastre em que faleceram o presidente e seu motorista.

Com base nesses fatos, surge a minha versão do terrível acontecimento: Geraldo deve ter tido a vista ofuscada pelos faróis de outros carros, porque a sua moléstia não curada provocava dificuldades de visão!

A primeira personalidade que chegou ao local do desastre, minutos após o acidente, foi o médico Guilherme Romano, que recolheu os pertences mais importantes de Juscelino, o relógio de ouro e um diário, em que o ex-presidente anotava tudo o que lhe acontecia. O diário e o relógio foram entregues à D. Sarah, dias depois, e a viúva o presenteou como gratidão ao médico, fato amplamente noticiado pela imprensa.

O que fazia o Dr. Guilherme Romano no meio da Via Dutra naquela hora da noite? Para mim, Juscelino iria ter, certamente, um encontro com o general Golbery, que precisava ser muito secreto e, por causa disso, o ex-presidente preferiu escalar Geraldo, que era o seu motorista de todas as horas importantes. Apesar de ser um homem destemido, JK não se arriscaria tanto se não se tratasse de um encontro altamente sigiloso. No entanto, não saberia dizer se o desastre foi antes ou depois disso... A conversa era importantíssima para Juscelino, porque ele não correria o risco sem um motivo muito profundo. E a presença de Romano em pleno teatro do desastre é bastante sugestiva!

Creio, pois, que a morte de Juscelino Kubitschek foi um evento acidental, em virtude das deficiências dos reflexos do motorista, que já não poderia dirigir, sobretudo à noite. E se não fosse um encontro tão especial, ele o faria no Rio de Janeiro, sem arriscar a vida tão preciosa para a família, como também para todo o povo brasileiro. Além do mais, como já afirmei, o presidente não costumava fazer viagens longas de carro, preferindo sempre o avião.

Não tenho a menor dúvida de que a conversa seria com o general Golbery, que cultivava o segredo, e infelizmente houve o funesto desastre, o que ajudou a adiar para mais longe o processo de abertura democrática! Para o governo militar, não era conveniente, naquela época, admitir alguma conversa com JK, e os jornais veicularam notícias, sem nenhum motivo aparente, de que Golbery se encontrava em Brasília. Realmente estaria?

É de se salientar que, por diversas vezes, indaguei de Romano sobre o possível encontro de Juscelino com o general. Ele sorria e, com sutileza, me pedia para conversar sobre outro assunto. De qualquer modo, o que não sei é se o encontro teria havido ou não. Acredito firmemente que sim, e que eles saíram da reunião, vindo atrás do carro que trazia Juscelino Kubitschek.

Temos que reconhecer, portanto, que Guilherme Romano, como amigo comum de Golbery e JK, estava tentando prestar um grande serviço ao restabelecimento da democracia no Brasil. Mérito para ele!...

Outras observações: a morte de JK

· Era muito fácil para o todo-poderoso general Golbery apresentar um "álibi" a fim de admitir sua presença em Brasília no momento do encontro.

· O Dr. Guilerme Romano estava prestando um valioso serviço ao seu grande amigo general Golbery e também a JK – e, além do mais, servia à causa democrática, proporcionando a tão desejada e aspirada abertura política.

O momento era altamente propício para esse contato entre JK e o general Golbery e para esperada abertura política que, com a morte de Juscelino, foi infelizmente adiada – mas estava se tornando cada vez mais necessária. Esse atraso nos levou ao governo do general João Figueiredo, em que era evidente um certo enfraquecimento na condução do país.

As desavenças com o general Otávio Medeiros – chefe da Casa Militar – e a condução da sucessão com as candidaturas de Paulo Maluf e Mário Andreazza terminaram levando o presidente da Arena, partido do governo, José Sarney, a ser eleito vice-presidente na chapa com Tancredo Neves e, com a sua morte, a assumir a Presidência da República.

4. Efervescências Políticas

A Frente Ampla

Na medida em que os dias e anos decorriam, ficava cada vez mais evidente o desgaste do processo revolucionário que governava a nação. Os erros e as injustiças tristemente acontecidas misturavam-se a outros atos que não mereciam o respeito da sociedade brasileira. Os meios de comunicação, com o relativo afrouxamento da censura, denunciavam esses fatos, que a sociedade, de modo geral, reconhecia e repudiava. Nesse contexto, a necessidade de retorno à democracia ganhava espaço e respeito na opinião pública.

Pessoalmente, eu percebia, junto com JK, a evolução desse sentimento democrático. Comparecemos a dois almoços em restaurantes públicos, um no Gabinete Português de Leitura e outro na Associação Comercial, e quando os seus freqüentadores reconheram o ex-presidente, todos se levantaram e as palmas soaram no ambiente. De outra vez, fomos a uma reunião no prédio do Clube de Engenharia, na Avenida Rio Branco; quando saímos, o povo reconheceu Juscelino e o cercou, dando vivas e demonstrando contentamento. Eram manifestações espontâneas e expressivas do sentimento que se manifestava nas ruas, de um povo cansado do regime discricionário que governava o país. Então JK me recomendava: *"Vamos evitar comparecer a lugares públicos, porque o governo pode julgar essas manifestações como provocações"*. E assim passamos a proceder...

Em certo momento, Carlos Lacerda, movido pelo habitual temperamento combativo e pela extraordinária decepção com a situação vivida pelo país, em pleno governo militar – que ele ajudara a estabelecer –, procurou-nos com o objetivo de formar uma frente que, unindo lideranças políticas e populares, acelerasse, enfim, a abertura democrática. Como Juscelino estava residindo em Portugal, para lá fomos e os entendimentos começaram, com o surgimento da "Frente Ampla", na tentativa de apressar o tão desejado processo de abertura.

Era surpreendente ver Carlos Lacerda, opositor vigoroso de JK em outros tempos, conversando tão amigavelmente com ele, como, por exemplo, num almoço famoso que tivemos no Restaurante Tavares, em Lisboa, e do qual ainda guardo algumas fotos. Eram conversas muito cuidadosas, em que se analisava o panorama político nacional e seus desdobramentos, sem os ressentimentos do passado.

Tal iniciativa teve grande repercussão no Brasil, onde os ânimos se exaltaram, prenunciando a necessidade de maior liberdade democrática e afrouxamento da censura. A reunião dos dois líderes civis em Portugal provocou uma lenta tendência para o entendimento com os responsáveis pela administração em nosso país.

Eis que um dia aparecem os deputados Renato Archer e Carlos Lacerda para dizer a JK que consideravam necessária a ampliação da "Frente Ampla", com a adesão de João Goulart. Juscelino, porém, ficou reticente, não recebendo com muito entusiasmo tal aproximação. Chamou-me e perguntou o que eu achava. Então, respondi-lhe:

— Presidente – assinalei com ênfase –, acho temerária essa aproximação, porque a Revolução não foi feita contra o senhor, mas sim contra Jango e Brizola, este último em razão de seu temperamento agitador. O senhor sofreu as conseqüências da ação revolucionária, porque os militares e o próprio Lacerda, na época, sentiam que a sua popularidade ameaçava o poder instalado. Carlos Lacerda, algum tempo depois, sentiu que também não havia espaço para ele e se rebelou, mas, de qualquer maneira, o senhor e ele têm prestígio e não ameaçam o sentimento democrático do povo brasileiro. Mas o Jango não, não deve integrar a Frente, apesar das boas relações que vocês sempre tiveram, mesmo ele tendo sido seu vice e podendo ser de novo, caso vingassem as eleições de 1965. Ressalto também, presidente, que a Revolução de 64 foi feita contra o governo de Jango, que perdeu o controle da situação, e o próprio governo militar não vai aceitar bem tal inclusão na Frente Ampla, o que a torna temerária e talvez prejudique todo esse esforço e trabalho.

Juscelino ficou pensando e afirmou a Lacerda e a Archer que não participara das reuniões anteriores, favoráveis à inclusão de João Goulart; que tinha dúvidas sobre o convite ao ex-presidente, porque mantinha muito boas relações com militares amigos, mas que desconhecia a reação e o sentimento dos colegas que participavam do governo. Lacerda e Archer resolveram, então, ir a Montevidéu para conversar com Jango. O presidente deposto tinha horror a Lacerda, como todos os verdadeiros trabalhistas, que viram Getúlio caminhar para o suicídio.

Jango, com quem eu mantinha muito boas relações, contou-me, depois, o extremo gozo que sentiu com o atraso da reunião. *"Fiz o Lacerda esperar na sala por mais de uma hora e depois aceitei, sorrindo, participar da Frente"* – afirmou, acrescentando, com satisfação para mim, que *"era muito bom ver aquele que nos atacava tanto, que levou Getúlio ao suicídio e à minha deposição, entrar na sala da minha residência para pedir meu apoio na formação da Frente Ampla".*

E finalizou: *"Fiquei satisfeito e vingado pelo que sofremos".*

Nesses tempos, Jango não mantinha contatos com o cunhado, Leonel Brizola, que, por sua vez, também evitava o ex-presidente, o que, diziam amigos comuns, chocava muito a Neusa, esposa de Brizola, cuja ligação com o irmão mais novo era muito forte.

Pouco tempo depois das conversações em Montevidéu, o governo militar reagiu, dissolveu a Frente e cassou Lacerda, o que mais uma vez adiou a abertura democrática no Brasil.

Conhecendo o temperamento de Lacerda é que podemos julgar suas atitudes no episódio da "Frente Ampla", em que, a pretexto de acelerar a abertura política, tentou compor uma aliança com Jango, o que desagradou profundamente aos militares. No encontro de Lisboa, Lacerda dizia a JK:

— Não sou seu inimigo pessoal, apenas divergimos em algumas idéias básicas e do modo como o povo e o país deviam ser governados. Se brigamos por causa disso, podemos nos reconciliar, também, pelo mesmo motivo. E não será a primeira vez, no Brasil ou no mundo, que dois adversários políticos, superadas as razões por que se separaram, se reaproximaram. Infelizes seriam os brasileiros se não pudessem mais se entender, somente porque um dia se desentenderam...

Juscelino respondeu-lhe:

— Enfrentaremos resistências e incompreensões de nossos companheiros. As suas serão muito maiores. Você está preparado para vencê-las?

Ao que Lacerda prontamente retrucou:

— É claro que estou bem consciente disto, mas disposto a tudo enfrentar...

Retornando ao Brasil, Lacerda partiu para uma campanha de esclarecimento a seus companheiros de lutas passadas sobre os motivos que o levaram a formar a "Frente Ampla". Foi a São Paulo conversar com Júlio Mesquita Filho, proprietário do poderoso jornal *O Estado de S. Paulo*, que fazia uma grande oposição ao governo revolucionário, transmitindo-lhe, pessoalmente, os motivos e os objetivos que o levaram a formar a "Frente Ampla". Houve, também, alguns alinhamentos tácitos de seus companheiros, como o deputado Mário Martins, da UDN, embora o ex-presidente Jânio Quadros, exilado por conta própria em Corumbá, Mato Grosso, não simpatizasse com o comando de Lacerda sobre o processo.

Falava-se, à época, que Lacerda, sabendo que Juscelino Kubitschek, Jânio Quadros e João Goulart haviam sido cassados e perdido os direitos políticos, não podendo se candidatar nas próximas eleições, acreditava que isso o credenciava como solução civil imbatível à Presidência da República.

Nessa fase, Carlos Lacerda foi a Porto Alegre paraninfar uma turma que se formava na Pontifícia Universidade Católica – PUC, fazendo ali um discurso muito violento, em seu velho estilo demolidor, chamando o governo de Costa e Silva de corrupto e entreguista. Acredito que esse pronunciamento alertou os governantes e os militares sobre a inconveniência do avanço político da "Frente Ampla", que realizava comícios e marchas contra o governo.

Assustado com o crescimento das hostilidades por parte da oposição, o governo partiu, então, para a retaliação, mandando a polícia deter todos os líderes participantes dessas ações e prendendo por delito aqueles cujos direitos políticos já haviam sido cassados – e entre eles figurava Juscelino Kubitschek, que, felizmente, não foi preso. Até que, em 13 de dezembro de 1968, a Junta Militar que passou a governar o país com o impedimento do presidente Costa e Silva, por doença, baixou o Ato Institucional n. 5 – o famoso "AI-5" –, que cassou mandatos e direitos políticos de alguns líderes da "Frente Ampla", que estava extinta. Perderam os seus mandatos os deputados Renato Archer, Mário Covas, Oswaldo Lima, Hermano Alves, Martins Rodrigues e José Carlos Guerra. Carlos Lacerda, por sua vez, também foi preso nesta ocasião.

Assim, infelizmente, terminava mais uma etapa da luta pelo retorno à democracia no país, com a destruição da "Frente Ampla", cujo manifesto inicial defendia:

· Luta pela democracia, com retorno das eleições diretas para Presidente da República, mediante voto popular e secreto;

· Retomada do desenvolvimento econômico e social, com a defesa do mercado interno, expansão da produção e crescimento dos salários;

· Defesa das riquezas nacionais e maior participação dos trabalhadores na política econômica.

Leonel Brizola, que com sua oratória inflamada, demagógica e subversiva tornou-se o responsável pela reação dos militares contra a ordem constitucional, foi outra importante liderança política civil a não fazer parte da "Frente Ampla". Assustando as classes médias e a sociedade em geral, Brizola não aceitava as ponderações que vinham de diversos setores contra a sua ação. Ambicionava até mesmo a sucessão de Jango, tendo sido elaborado o célebre *slogan* "Cunhado não é parente, Brizola pra presidente", antevendo-se os óbices jurídicos à sua candidatura, em virtude de ser casado com a irmã de João Goulart.

Complicando ainda mais o quadro, grupos direitistas poderosos ajudavam a exacerbar os ânimos, estabelecendo um estado de medo sobre o que iria ocorrer com as famílias brasileiras. Chegara ao nosso conhecimento que tais grupos estavam infiltrando agentes nos comícios de Brizola, com faixas e cartazes agressivos, que, veiculados pela TV, provocavam ainda maior temor nos cidadãos conservadores. Brizola não compreendia o que estava acontecendo, prosseguindo em sua ansiedade de chegar à presidência a qualquer custo, sobre o que insiste até hoje, apesar das constantes derrotas eleitorais que tem sofrido.

Leonel Brizola acusou muitos políticos de serem "filhos da Revolução", não reconhecendo de que ele é o "pai", que, mediante uma ambição desmedida e irresponsável, ele próprio levou o povo brasileiro a assistir, amargamente, o rompimento do regime democrático.

O presidente JK lutou muito na defesa do regime deposto, porque era muito orgulhoso de sua formação democrática, considerando que o povo tinha o direito de escolher livremente os seus líderes, bem como as diretrizes de governo, na esteira do que pensavam os políticos mais esclarecidos de seu tempo, como Churchill, que um dia afirmou: *"A democracia não é o regime ideal, mas o melhor dentre todos os outros".*

Relax *em Portugal*

Estávamos muito preocupados, Juscelino e eu, com os possíveis efeitos da constituição da "Frente Ampla", diante dos tempos novos no Brasil. O fato de ela ter sido mentalizada por nosso arquiadversário, Carlos Lacerda, certamente iria provocar reações contrárias, pelo menos dos grupos radicais, suspeitávamos. De qualquer maneira, o objetivo era o mais nobre possível: a redemocratização do Brasil, cansado do regime militar que nos governava. E Juscelino Kubitschek, em Lisboa, sentia sobre os ombros o peso daquela aliança, justamente com o grande líder da UDN e adversário renhido de ontem.

Certa noite, nosso companheiro e embaixador Hugo Gouthier perguntou-me: *"Príncipe, o que você acha de irmos jantar num pequeno restaurante aqui em Lisboa, onde se ouve boa música e se come muito bem?"*. Respondi-lhe que era ótima idéia, principalmente para afastar as preocupações do espírito de JK. O local lembrava um pouco a antiga boate Sacha's, no Leme, Rio de Janeiro, e logo verificamos que, além dos cantores, existia uma pequena pista de dança. O ambiente era alegre e descontraído, permitindo o relaxamento das fortes tensões dos últimos dias.

Servido o saboroso jantar, resolvi enfrentar o protocolo português. Próximas de nós, estavam duas moças, que dançavam. Sem dizer nada aos meus companheiros, dirigi-me a elas, verificando que também eram brasileiras, professoras de História em São Paulo, que estavam visitando Portugal. Perguntei se aceitavam um convite para dançar, e elas, surpresas, concordaram. Saí dançando; Juscelino e Gouthier ficaram surpresos com a minha ousadia de dançar com pessoas que não conhecia, em Portugal. No entanto, tudo correu bem. Quando eles souberam que as moças também eram brasileiras, desanuviou-se o ambiente, completamente. Elas continuaram a ocupar a mesa em que estavam, mas JK e Gouthier também as convidaram para dançar, o que alegrou muito a ambos.

Lá ficamos por mais de três horas e não dissemos que era Juscelino Kubitschek, o ex-presidente, que estava em nossa companhia. Éramos, para todos os efeitos, empresários que estavam conhecendo a terra de seus avós... Tudo correu bem naquela noite e nos despedimos das moças, desejando-lhes boa permanência em Portugal e um feliz regresso à nossa terra natal.

JK estava contente e bem feliz...

A Frente Parlamentar Nacionalista

Havia no Congresso um grupo de parlamentares que defendia políticas nacionalistas, sem assumir posições extremistas. O sentimento que nos unia era o de defender os setores que, julgávamos, deveriam ficar sob o comando dos brasileiros. E defendíamos uma política de desenvolvimento que mantivesse em nossas mãos os setores econômicos e financeiros que assegurassem esses objetivos. Estabelecidos tais princípios, partimos para a constituição da Frente Parlamentar Nacionalista.

Foi, naturalmente, indicado para a sua presidência o deputado Bento Gonçalves, mineiro e seu principal articulador, o qual, além de reunir o respeito de seus pares, possuía a competência necessária para bem conduzi-la. Fui eleito para a vice-presidência por aclamação dos companheiros e alegria de Bento Gonçalves, que assim reconheciam o entusiasmo e a dedicação que eu reservava à nobre luta pelo desenvolvimento brasileiro.

Estavam presentes muitos deputados e senadores, cumprindo citar José Jofilly, Neiva Moreira, Cid Carvalho, Ferro Costa, Saturnino Braga, Aurélio Viana, Clóvis Motta e muitos outros.

Passamos a ter uma atuação muito expressiva em todas as matérias que influenciassem os interesses do desenvolvimento nacional, bem como apoiamos entusiasticamente a obra do presidente Juscelino Kubitschek, cujo governo contribuía para os objetivos da Frente congressual. Era, pois, uma força interpartidária que ganhava espaço nas grandes discussões e em todas as decisões em que estivessem em jogo os altos interesses do povo brasileiro.

O deputado Bento Gonçalves conduzia com maestria e segurança a nossa missão de libertar o povo das garras daqueles que desejavam comandar nosso futuro, emprestando o toque mineiro, a simpatia e a vivência política que lhe eram peculiares.

Fomos apoiados por governadores, prefeitos, militares e também pela maioria da sociedade brasileira. Entre os governadores, estava Mauro Borges, de Goiás, mais tarde abatido com a intervenção militar em seu Estado, que o despojou do governo. Era filho do senador Pedro Ludovico Teixeira, grande chefe político de Goiás e um dos parlamentares mais gratos pela construção de Brasília.

A Frente Parlamentar Nacionalista ganhava espaços, e fomos até convidados pelo governo americano para uma viagem oficial de consultas. A delegação de deputados foi formada por Bento Gonçalves, Aurélio Viana, Clóvis Motta, Clemens Sampaio, Edvaldo Flores e por mim. Recebemos todas as atenções dos meios oficiais americanos e ficamos hospedados na *Blair House*, a casa oficial dos hóspedes mais ilustres do povo americano e onde esteve, quando de sua visita, a própria rainha da Inglaterra, Elisabeth II.

Visitamos o Congresso americano e diversos Estados, conhecendo várias indústrias, como a automobilística, em Detroit, e a petrolífera, no Texas. Conhecemos a Califórnia e o Vale do Tennessee, onde o presidente Roosevelt, através do programa "New Deal", criou as condições de soerguimento da nação americana, abalada pela grande depressão de 1929. Enfim, a viagem foi muito importante para que testemunhássemos o trabalho da grande nação do Norte e de seu operoso povo.

A viagem reforçou a crença em nossos ideais nacionalistas, de que devem ser os brasileiros os verdadeiros responsáveis por suas estratégias de desenvolvimento. E nos fez reconhecer que ninguém deve esperar que qualquer outra nação venha de bom grado participar do esforço de desenvolvimento de outra, sem que governo e povo se unam, com amor e esforço, na luta incessante pelo próprio desenvolvimento.

Negrão de Lima e a volta de JK

As eleições de 1967 para os governos estaduais estavam sendo postas em dúvida, em virtude do clima político reinante. Havia dúvida se os governadores eleitos diretamente seriam empossados, no caso de vitória. Vários amigos de Juscelino eram candidatos nos principais Estados: Negrão de Lima, seu ex-ministro da Justiça e embaixador em Portugal, era candidato no Rio de Janeiro, e Israel Pinheiro, ex-deputado federal, ex-presidente da Companhia Vale do Rio Doce e primeiro administrador de Brasília, quando Juscelino era presidente, tentava o mandato em Minas Gerais.

O nervosismo era grande e JK, que estava residindo em Paris, desejava voltar logo ao Brasil. Os conselhos e as advertências eram grandes e ele continuava atormentado, em Paris, querendo participar das eleições. Muitas vezes, ele me telefonava, mostrando esse desejo e aconselhando moderação aos amigos, mas percebia-se que estava muito angustiado.

Resolvi viajar a Paris e levar, pessoalmente, a minha posição e os temores de um efeito negativo que sua presença poderia representar nas eleições. Chegando lá, acompanhado de minha filha, Angélica Maria, estudante que ainda não conhecia a Cidade Luz, fui recebido, no aeroporto de Orly, pelo ex-presidente e por D. Sarah. Juscelino fez questão de nos levar até um hotel, que ainda não tinha sido escolhido, porque a viagem fora decidida muito rapidamente. Ele dirigia o próprio carro, o que me espantou: *"Presidente, o senhor dirigindo?"*. E ele respondeu: *"A vida no exterior é muito dispendiosa e motorista aqui é muito caro..."*.

No trajeto, aconteceu um acidente, com um carro que ia à nossa frente; uma senhora se feriu e estava caída. Quando passamos, JK me disse: *"Vai ser difícil achar hotel, porque Paris está cheia de turistas e membros de diversos congressos"*. Dirigiu-se, então, ao Hotel Continental, um dos mais nobres da cidade, e lá conversou com o gerente, que reafirmou que estava lotado. Juscelino falava muito bem o francês, pois fez um curso de aperfeiçoamento em Paris quando se formou em

Medicina, e conseguiu convencer o gerente a acolher-nos, até porque o funcionário disse que era uma honra para o hotel aceitar o pedido de um presidente do Brasil tão conhecido, como era Juscelino Kubitschek pelos franceses...

Deram-nos o apartamento mais nobre do hotel, o único vazio, que serviu ao comandante alemão durante a ocupação da França pelos nazistas, na Segunda Guerra Mundial. Naquele hotel, vi muitas vezes o grande pintor Salvador Dalí, com seus famosos "bigodes retorcidos", sentado no salão, porque ele sempre escolhia este local quando vinha a Paris.

Conversamos muito com JK e várias vezes as lágrimas escorriam de sua face, o que impressionou vivamente minha filha. Ele estava decidido a voltar, era quase impossível impedi-lo. Assistindo, comovido, ao seu sofrimento, acabei concordando com ele, mas adverti que a hora teria de ser muito bem pensada.

Acabei sugerindo que ele deveria partir no próprio dia das eleições, à noite, e chegar na manhã do dia seguinte, quando as urnas já tivessem sido abertas. Assim, ninguém poderia acusá-lo de ter influenciado o resultado do pleito nem de ter se aproveitado da vitória certa de seus amigos para retornar ao poder, desafiando adversários. Ele aceitou, em princípio, a sugestão, que teria de ficar em segredo.

Logo retornei ao Rio de Janeiro e, ali chegando, fui convidado para uma reunião na casa de Negrão de Lima, na Lagoa Rodrigo de Freitas. Lá estavam o anfitrião, Oswaldo Penido e seu irmão, amigo e assessor de Negrão, Humberto Braga, que foi seu chefe de Gabinete e, depois, ministro do Tribunal de Contas Estadual, entre outros amigos. Eles me acusaram de estar aconselhando Juscelino a voltar, ameaçando a realização das eleições e, possivelmente, a posse dos eleitos. Pelo visto, havia informações pouco confiáveis sobre as minhas conversas com JK em Paris, que não se apoiavam em detalhes.

Eram muito veementes os termos com que me acusavam de ter influenciado Juscelino a voltar. Repliquei, dizendo que nada havia sido decidido sobre o retorno e que me alegrava muito ver o que estava acontecendo: Negrão de Lima, ministro da Justiça do presidente, e Oswaldo Penido, seu chefe da Casa Civil, afirmarem, contra as próprias posições, que eu havia influenciado a decisão de JK em voltar à sua terra natal! Era envaidecedor para mim – disse-lhes – que um simples deputado como eu pudesse influenciar uma decisão de Juscelino Kubitschek, o que me fazia eternamente feliz e contente por aquele reconhecimento!

Do aeroporto de Orly, JK telefonou-me diversas vezes, perguntando se estava tudo bem e se ele já poderia viajar. Respondi-lhe: *"Tudo certo, presidente, venha"*... E Juscelino retornou na data combinada, sendo festivamente recebido por Negrão de Lima e vários companheiros. Quanto às eleições, nada aconteceu. Negrão de Lima e Israel Pinheiro foram eleitos e empossados, realizando governos fecundos e de grandes obras, obtendo total admiração da opinião pública.

Carlos Lacerda, demolidor sem limites

Lacerda era um notável político que conheci no tempo de minha atividade na Câmara dos Deputados, liderando uma bancada de iluminados da UDN que fazia oposição renhida ao presidente Getúlio Vargas e, posteriormente, ao próprio Juscelino Kubitschek. Contundente e vigoroso, possuidor de oratória poderosa, Lacerda era, antes de tudo, um demolidor sem limites.

Assim procedeu no combate sem tréguas a Getúlio Vargas, principalmente após o atentado da Rua Tonelero, patrocinado por Gregório Fortunato, o "Anjo Negro", como era chamado o guarda-costas do presidente, e que resultou na morte do major Vaz, da Aeronáutica, que guardava o destinatário dos tiros, o próprio Carlos Lacerda, que saiu do episódio ferido no pé.

Instaurou-se, então, um inquérito rigoroso, por parte da Aeronáutica, que se chamou "República do Galeão", porque funcionava no aeroporto militar do Rio de Janeiro, e os oficiais responsáveis pelas investigações tencionavam convocar o próprio presidente a depor, embora, justiça seja feita, Getúlio não tivesse participação alguma no fato.

Esqueceram-se de que Vargas era um caudilho e que jamais atenderia a uma possível convocação, especialmente por se encontrar muito angustiado e abatido, como afirmavam os que privavam com ele. Quando houve, em 1954, a última reunião do Ministério, sem a sua presença, o próprio Tancredo Neves não conseguia conter o clima de apreensão existente.

O resultado de tudo isso foi o suicídio de Getúlio, que sucumbiu à pressão do "mar de lama que atingira o governo", como denunciava Lacerda, e que legou ao povo brasileiro a famosa "Carta Testamento", com suas últimas palavras:

> Lutei contra a espoliação do Brasil. Lutei contra a espoliação do povo. Tenho lutado de peito aberto. O ódio, as infâmias, a calúnia não abateram meu ânimo. Eu vos dei a minha vida. Agora vos ofereço a minha morte. Nada receio. Serenamente dou o primeiro passo no caminho da eternidade e saio da vida para entrar na História.

Essa carta foi o sinal para uma reação popular contra Lacerda, que, mesmo assim, não se conteve, continuando a usar o poder de demolição contra seus adversários. Era um homem que psicologicamente não se continha: quando chegava à beira do abismo, mediante vontade irresistível, nele se atirava, demonstrando que, às vezes, os líderes políticos exibem certas fraquezas que destoam da grandeza da própria biografia.

Leonel Brizola e os feitiços de Golbery

As articulações sobre a candidatura de Leonel Brizola ao governo do Estado do Rio de Janeiro, em 1982, foram relatas por Ivete Vargas, parenta de Getúlio e então deputada por São Paulo. Fomos colegas na

Câmara Federal e éramos muito amigos. Conhecia muito bem seu pai, Newton Tatcher, que foi membro da delegação de que participei na Assembléia das Nações Unidas, quando nos tornamo também amigos.

O Rio de Janeiro tinha dois candidatos muito fortes a governador: Sandra Cavalcanti, apoiada pelo poder revolucionário, em especial pelo general Golbery do Couto e Silva, e Miro Teixeira, atual deputado federal, que na época recebia total apoio do governador Chagas Freitas e tinha boas condições de ser eleito.

Contou-me Ivete que, certa vez, foi chamada pelo general Golbery, um amigo muito próximo, que conversou sobre a possibilidade de criação de um *tertius* na eleição do Rio de Janeiro. A sugestão era enfraquecer a candidatura Miro Teixeira, que, com o apoio do governador Chagas Freitas, tinha muitas possibilidades de sair vencedor do pleito, já que tinha um forte apelo popular.

A sugestão seria trazer Leonel Brizola para o Rio de Janeiro, lançando-o também candidato a governador, o que dividiria a força popular de Miro Teixeira e garantiria a eleição de Sandra Cavalcanti. Aparentemente, era uma idéia política muito bem engendrada...

Ivete Vargas aceitou a incumbência de atrair Brizola e resolveu ir ao Rio Grande do Sul, no intuito de conseguir o apoio de Viriato Vargas, irmão de Getúlio e amigo de Brizola, desejando, depois, conversar com o próprio ex-governador gaúcho. Dirigiu-se ao encontro de Leonel Brizola, duas vezes governador no Rio Grande do Sul e deputado federal pelo Rio de Janeiro, antes da cassação, sugerindo-lhe a idéia de ser candidato a governador do Rio.

Brizola negou-se, a princípio, a aceitar a candidatura, alegando que teria mais chances no Sul, e Ivete, então, perguntou-lhe:

— Você acha que o governo revolucionário vai admitir a sua eleição no Rio Grande do Sul, uma região de fronteira possivelmente influenciada pelos tupamaros e por outros grupos esquerdistas?

Respondendo, Brizola alegou que, mesmo que aceitasse, não teria condições de fazer campanha por falta de recursos. Ivete, então, replicou:

— Isso não é um grande problema, porque, naturalmente, seriam encontradas as soluções.

Voltou a insistir na candidatura, tendo Brizola aceitado suas ponderações, reconhecendo que a candidatura ao governo gaúcho sofreria muitas resistências revolucionárias que impossibilitariam a sua vitória. E, assim, o engenheiro Leonel Brizola, homem de bem, veio para o Rio de Janeiro, não para dividir a luta entre Miro Teixeira e Sandra Cavalcanti, mas para ser o grande vitorioso.

Ivete Vargas sempre falava comigo com grande sinceridade, embora pertencesse ao Partido Trabalhista Brasileiro, e acredito que seja fidedigno o seu relato, que demonstra como Brizola resolveu vir para o Rio de Janeiro. É quase inacreditável, porém, que sua vinda tenha sido estimulada pelo general Golbery, que fracassou em suas tramóias políticas, logo ele que tinha a fama de grande feiticeiro político.

Hoje, o ex-governador Brizola e o deputado Miro Teixeira são companheiros no Partido Democrático Trabalhista e, efetivamente, enterraram quaisquer rusgas do passado.

A História, como disse Cícero, é realmente a mestra da vida...

A transição democrática

Todas as lideranças políticas nacionais, no governo e na oposição, eram unânimes em considerar que, caso houvesse uma abertura democrática, a candidatura JK seria inevitável e haveria seguramente a sua reeleição à Presidência da República. Carlos Lacerda, que exibia a desmedida ambição de ser presidente, acreditava que, se Juscelino Kubitschek permanecesse com os direitos políticos suspensos, as portas estariam abertas para ele. E foi o deputado Herbert Levy, seu correligionário, quem se referiu a tal fato através da imprensa. Todavia, isso era muito difícil de acontecer e o futuro assim o comprovou.

Realizada a abertura política, Lacerda já havia morrido. Quem foi o vitorioso? Com certeza, também não foi Juscelino, que também morrera em desastre, mas outro mineiro, muito amigo seu, Tancredo Neves. Oriundo do PSD e também eleito governador mineiro, Tancredo infelizmente não tomou posse, por doença grave, seguida de morte. Lembro-me que, visitando-o no Palácio das Mangabeiras, ainda no cargo de governador, ele me disse:

— Príncipe, como Juscelino ficaria contente conhecendo o Aeroporto de Confins, recém-construído!...

Tancredo sabia que JK ficaria muito alegre com aquela obra, que proporcionava, sem dúvida, melhor acesso à capital mineira. JK vibrava com todo trabalho que levasse o país à emancipação econômica e social. E ficaria muito feliz de ver seu conterrâneo, Tancredo Neves, um companheiro fiel e de todas as horas, chegar ao governo do Brasil.

Outras observações: a ascensão de Sarney à presidência

Quando ficou positivado que Tancredo Neves ia se submeter a uma cirurgia de urgência em São Paulo, na véspera de sua posse à Presidência da República, aconteceu uma difícil reunião que durou toda a noite. Com a presença de Ulysses Guimarães (presidente da Câmara) e de outras figuras importantes da política, discutia-se quem tomaria posse, se Sarney ou Ulysses, como segundo vice-presidente.

Venceu o grupo que temia que o Tancredo ficasse aborrecido com o arranho da Constituição, ao não se admitir a posse do vice-presidente eleito com ele, José Sarney. Esse fato poderia dar motivo a uma reviravolta que até impedisse a sua posse quando ele recuperasse a saúde.

O general Figueredo era hostil à Sarney e poderia não lhe passar a faixa presidencial. Aliás, foi o que ele fez, retirando-se antes do ato. Houve muitas queixas da corrente que queria que Ulysses, como presidente da Câmara, assumisse o governo, o que não seria realmente legal.

5. A Vocação Política

Sobre o Bem Público

Minha vida política era muito intensa, o que tornava minha imagem, ação e atividade noticiadas diariamente, até mesmo nas manchetes de primeira página dos mais importantes órgãos da imprensa brasileira. A carreira política não se improvisa, nem aqui nem em qualquer outro lugar do mundo democrático. Para se alcançar o poder, é preciso ter experiência política e tradição de lutas.

Nas grandes nações, tivemos os exemplos de Churchill, que foi grande parlamentar, antes de ser presidente do Conselho de Ministros da Inglaterra, assim como o foram os seus sucessores – Clement Atlee, Harold Wilson, Margareth Thatcher, John Major e Tony Blair. Nos Estados Unidos, tivemos Franklin Roosevelt, que pertencia a uma tradicional família, tendo se sobressaído o grande presidente Theodore Roosevelt, assim como John Kennedy, Lyndon Johnson, Richard Nixon, George Bush e Bill Clinton. Na França, por sua vez, tivemos estadistas como Georges Pompidou, François Mitterrand, Jacques Chirac e Lionel Jospin – todos com respeitável currículo político.

Poderíamos citar como exceções à nossa tese sobre tradição política as presenças excepcionais do general Eisenhower, como comandante-em-chefe da vitória aliada na Segunda Guerra Mundial e presidente dos Estados Unidos (1953-1960), e do general De Gaulle, o grande chefe da resistência à ocupação nazista da França e, depois, Presidente da República (1945-1969), que compuseram muito bem o panorama político, apesar de suas origens tipicamente militares.

Os bons políticos não se improvisam, têm que ter muita experiência nesse jogo complexo. A revolução de 1964 tentou improvisá-los e até hoje vivemos as distorções que desembocaram na impopularidade de que goza o Congresso Nacional. O movimento modificou para pior a representação parlamentar, cassando os direitos políticos de muito bons e corretos parlamentares e, mediante força e coerção, trazendo figuras sem grandeza e tradição política para o Congresso. Temos hoje, por exemplo, as tão atacadas "emendas parlamentares" ao Orçamento brasileiro, devendo distinguir as que são justas e necessárias daquelas que não estão alicerçadas em propostas nobres.

Lembro-me de que meu amigo, e às vezes adversário, senador Roberto Campos, recentemente falecido, cortava tais emendas, como ministro do Planejamento, considerando-as despesas desnecessárias. Adverti-lhe, com freqüência, de que poderiam parecer assim, mas muitas não o eram, afirmando: *"Você, que vive aqui no asfalto das cidades, ignora o que se passa no interior do país"*...

Basta pensar na necessidade de uma pequena ponte, ligando duas regiões longínquas em época de chuvas, sem a qual seria muito difícil a travessia dos sertanejos no transporte de sua produção, para que entendamos a atuação de um parlamentar nesse sentido, em benefício da região. Outras vezes, é um pequeno posto de saúde, numa região em que não exista nenhum atendimento médico em um raio de 30 km, o que provoca dolorosos sofrimentos para as populações envolvidas. Noutros casos, falta um simples posto dos Correios, e as famílias ficam impedidas de comunicação com parentes e amigos que moram em locais distantes.

Os baianos, por exemplo, que migravam à época do interior para São Paulo e Paraná, ficavam impossibilitados de remeter dinheiro para as suas famílias, o que era um quadro verdadeiramente caótico.

Tais situações, que podem parecer irrelevantes, são muito sérias para as populações pobres e merecem providências especiais dos políticos que representam essas regiões, o que me levava a protestar a Roberto Campos em termos veementes: *"Você, como diplomata, não sabe o que é fazer política, muitas vezes, em regiões remotas de nossa terra".*

De fato, apesar de tudo, o Congresso brasileiro deve merecer o apreço e o respeito do povo, cumprindo à Justiça Eleitoral expurgar do convívio político aqueles que não têm merecido o sufrágio de todos os bons brasileiros.

Visão municipalista

Elegi-me vereador pela cidade de Salvador, nas primeiras eleições realizadas após o período discricionário de Vargas, em 1947. Durante meu mandato, fui indicado para representar a capital da Bahia na reunião preparatória para o 1º Congresso Brasileiro dos Municípios. Convocada pelo presidente do Instituto Brasileiro de Geografia e Estatística – IBGE, Rafael Xavier de Oliveira, essa reunião, realizada no Rio de Janeiro, recebeu representantes de diversas cidades brasileiras, entre prefeitos e vereadores, decidindo-se nomear um Comitê Provisório, que, junto com o IBGE, se encarregaria de preparar o futuro Congresso dos Municípios Brasileiros. Fui eleito para a vice-presidência desse Comitê, e o prefeito de Pelotas (RS), Joaquim Duval, para presidente (alguns anos mais tarde fomos colegas na Câmara dos Deputados).

Meses depois, após várias reuniões sempre incentivadas pelo presidente do IBGE, foi marcada a data da instalação e da realização do grande evento, no Hotel Quitandinha, em Petrópolis, no Rio de Janeiro; dias antes de seu início, procedemos à discussão das últimas medidas e à elaboração dos estatutos que seriam submetidos à aprovação dos participantes do Congresso.

No dia de sua instalação, com a ausência por doença do prefeito de Pelotas, assumi a presidência e votamos, pela manhã, as medidas e os estatutos. À tarde, passei o cargo ao ministro do Trabalho, Nelson Omegna, um grande entusiasta da importância do evento para a política brasileira, o qual, logo depois, sublinhando a dimensão do encontro, passou sua direção máxima ao então Presidente da República, Eurico Gaspar Dutra.

Basta dizer, para comprovar sua importância, que compareceram à solenidade mais de dois mil prefeitos e vereadores. Ali estavam muitos dos futuros dirigentes dos destinos políticos do Brasil e, dentre eles, um que mais tarde foi eleito governador de São Paulo e, posteriormente, Presidente da República: o então vereador pela cidade de São Paulo, Jânio Quadros.

O 1º Congresso de Municípios foi de grande repercussão nacional e gerou novos encontros, em outras oportunidades decididas por seus dirigentes, gerando para mim uma grande lição de democracia, além do início da vivência política em âmbito nacional.

Não posso deixar de louvar a figura do presidente do IBGE, Rafael Xavier de Oliveira, por sua compreensão acerca da importância dos municípios na formação dos alicerces da vida política no Brasil.

Particularidades pessoais e políticas

Considero que agora, nesta altura de meus comentários, posso abrir um parêntese sobre alguns detalhes de minha genealogia: sou Hermógenes Príncipe de Oliveira, filho de Hermógenes Montenegro de Oliveira e de Maria da Glória Reis Príncipe de Oliveira. Meus avós paternos são Ponciano Ferreira de Oliveira e Alice Paranhos Montenegro de Oliveira. Os maternos chamavam-se Custódio Reis Príncipe e Sizínia Teixeira Carvalho dos Reis Príncipe.

Meu avô paterno e seu irmão, José Machado de Oliveira, foram fundadores da Faculdade de Direito da Universidade Federal da Bahia. Tendo sido também desembargador do Tribunal de Justiça e advogado com forte presença no Fórum baiano, meu avô era um mestre muito querido entre seus ilustres alunos, dentre os quais poderíamos citar Nelson Carneiro, Orlando Gomes, Madureira de Pinho, Nestor Duarte e Aliomar Baleeiro. Minha avó paterna, Alice, era prima do visconde do Rio Branco, pai do grande ministro do Exterior, barão do Rio Branco.

Meu avô materno, de origem portuguesa, diplomou-se pela Escola de Economia da Universidade de Coimbra, falava fluentemente o inglês e o francês, além de ser exímio pianista. Minha avó materna, filha de fazendeiros da cidade de São Gonçalo dos Campos, na Bahia, era prima do grande jurisconsulto brasileiro Teixeira de Freitas, filho da mesma cidade.

Sou o primogênito de uma família com mais dois filhos, Fernando e Carlos José. Eu e Fernando somos médicos, formados pela Faculdade de Medicina da Bahia, em 1938; Carlos José formou-se em Direito pela Universidade da Bahia, em 1941. Fernando foi professor de Oftalmologia na Escola Baiana de Medicina e diretor do Hospital Santa Luzia, em Salvador. Carlos José é advogado e aposentado como procurador-chefe da Justiça do Trabalho.

Tive sete filhos em duas uniões. Da primeira, nasceram Carlos Hermógenes, Luiz Fernando e Angélica Maria; da segunda, Carlos Antônio, Glória, Belinda e Patrícia. Tenho netos e dois bisnetos...

Minha primeira esposa, já falecida, chamava-se Maria Laura Martins Catharino, de tradicional família baiana, cujo patrono foi o comendador Bernardo Martins Catharino, industrial e comerciante. A segunda esposa, Joan Windsor, é filha de pais ingleses, e seu pai foi engenheiro da *Company Western Telegraph*, com sede em Londres. Ele passou todo o período da Segunda Guerra trabalhando no norte da África, longe da família, sendo um dos responsáveis pelas comunicações dos exércitos aliados na campanha estratégica que veio a derrotar as tropas alemães do general Rommel.

Trabalhei como médico-residente e assistente da Cátedra de Pediatria dos professores e doutores Martagão Gesteira, Pinto de Carvalho e Hosanah de Oliveira. Minha vida política, por seu turno, está umbilicalmente ligada à Bahia. Elegi-me vereador pela cidade de Salvador, deputado estadual e deputado federal por três vezes. Fui vice-líder da maioria do governo de JK, secretário de Agricultura do Estado da Bahia, vice-presidente do 1º Congresso Nacional de Municípios e representante do Brasil em diversas conferências internacionais.

A política sempre foi para mim um palco de grandes lutas: desejava diminuir as desigualdades sociais e o sofrimento do povo. Como médico pediatra, sentia direta e profundamente a fome de nossas crianças, a falta de instrução e de recursos de seus pais, fatores que, juntos, elevavam o índice de mortalidade infantil a mais de 20% no primeiro ano de vida. Desejava remover tal quadro de qualquer maneira, considerando que a atividade política poderia ser soberanamente útil nesse intento.

Retirei-me da militância política sem abdicar de meu amor por ela, acompanhando-a sempre de perto. Infelizmente, constatei que o resultado das eleições não correspondia aos votos das urnas, não se coadunando o espírito discreto e combativo pelos ideais democráticos, que sempre me assinalou, com o desrespeito à vontade popular praticado pelos governos militares na Bahia.

Certa feita, a coluna do Swann, de *O Globo*, assinada por Ricardo Boechat, publicou entrevista com o líder das forças governamentais da Bahia. O articulista perguntou-lhe: *"Quem manda na Justiça baiana?"* – ao que prontamente lhe respondeu o personagem: *"Eu!"*...

O ilustre jornalista e editorialista brasileiro Newton Rodrigues, em um de seus artigos, referiu-se posteriormente ao assunto. O Judiciário baiano não protestou... Tal atitude autoritária e descabida poderia ser explicada pela constatação de que aquilo que se passa na Bahia é diferente do que transcorre no resto do país, mas também pode lançar luz sobre as razões pessoais e políticas que me levaram à sofrida decisão de desistir da política militante. Fica exposto, de maneira simples e clara, o que tantas vezes expliquei a amigos: os motivos de minha desistência decorrem da insatisfação profunda com a grave crise moral do Congresso brasileiro, que desembocou recentemente na renúncia de dois de seus presidentes, que temiam ser cassados.

Felizmente, estou bem vivo, com excelente memória e saúde, comentando com a família, com velhos e novos amigos, o dia-a-dia da política nacional e internacional...

Momentos difíceis no sertão

Nos idos de 1930, meus pais foram aconselhados pelo médico pediatra da família, Agripino Barbosa, a levar a mim e a meu irmão Fernando para o ar seco e puro do nordeste baiano, com a finalidade de nos curar em definitivo dos males da pneumonia, que nos fez adoecer numa época em que ainda não existiam os antibióticos.

Meu pai, formado em Direito, foi por toda vida funcionário dos Correios; tinha um amigo que morava na pequena Vila de Queimadas, que lhe arranjou uma boa casa, onde iríamos passar dois meses. Como também não havia estradas de rodagem, fomos para lá nos trilhos da Estrada de Ferro Leste Brasileiro, uma empresa sob controle do capital inglês. Passamos a morar em frente à residência do prefeito municipal da pequena cidade, Elias Marques, pai do engenheiro agrônomo Nonato Marques, que foi, mais tarde, secretário de Agricultura do governo estadual na gestão do general Pinto Aleixo e, depois, meu colega como deputado federal.

As feiras da pequena vila realizavam-se sempre aos sábados, como quase todas do interior nordestino, com os seus habitantes trazendo produtos de outros municípios para vender, bem como efetuando nessas reuniões a compra dos mantimentos da semana.

O povo comentava muito, naquela altura, sobre o famoso cangaceiro Lampião e seu grupo de bandoleiros, que ameaçavam com as suas incursões a paz e o sossego daquelas regiões do semi-árido. Misturavam-se o temor e a admiração da população mais pobre acerca de suas aventuras. Num daqueles sábados, comentava-se que o bando se encontrava a umas vinte léguas de Queimadas (aproximadamente 130 quilômetros), o que, naquela época, sem estradas de rodagem, era uma longa distância.

Mesmo assim, no domingo, às 15 horas, a vila foi invadida pelos bandoleiros e a população, entre surpresa e atemorizada, soube que foram libertados os presos e que haviam sido detidos sete soldados que faziam a segurança do lugar. Verificamos, mais tarde, que a ocupação fora feita com muita estratégia, com a ocupação da estação de trem e o domínio do telégrafo, que lá existia como único meio de comunicação, além da tomada dos dois pontos de acesso à vila. Eram apenas dezoito homens integrando o bando naquela época, fortemente protegidos por punhais, facas, fuzis e bacamartes. Os poucos habitantes que dispunham de armas, por sua vez, possuíam "espingardas de matar passarinho", com pólvora e chumbo sendo introduzidos pela boca do cano.

O chefe Virgulino Ferreira, o Lampião, como era chamado, dirigiu-se à casa do juiz de Direito e chamou o prefeito Elias Marques, que foi obrigado a fazer uma lista dos principais comerciantes e designado para recolher uma quantia em dinheiro para o bando. Por sua vez, os outros bandoleiros, por conta própria, abasteciam os alforjes com mercadorias e alguns medicamentos, trocando a guarda com os companheiros que vigiavam os pontos estratégicos.

Surpresos e assustados, nossos pais receberam a notícia da presença do cangaceiro e seus asseclas, então, todos nós saímos à rua para ver o que estava acontecendo. Meu pai foi procurar o amigo Umbelino Santana, comprador de algodão e proprietário de uma pequena farmácia e de um armazém. Infelizmente, ele havia sido preso por um bandoleiro chamado Moderno, que queria uma propina. Dirigiu-se para o pequeno cofre do armazém, lá encontrando meu pai, que foi obrigado a contar o dinheiro ali existente e a entregá-lo ao cangaceiro, com quem travou ríspido diálogo:

— Quem é o senhor? – perguntou com energia.

— Sou funcionário dos Correios – respondeu prontamente (na época, era uma repartição independente e de muito prestígio).

E continuou:

— Não sou morador, estou aqui passando dois meses para a recuperação da saúde de dois filhos...

Minha mãe, que era muito destemida, vendo o marido ameaçado pelo punhal do facínora, intrometeu-se e disse:

— Ele é empregado do governo e não tem dinheiro...

Diante de sua firme intervenção, o malfeitor dispensou meu pai, mas observou que passaria mais tarde em nossa casa para ver se estávamos falando a verdade. Todo o diálogo foi assistido por mim e meus irmãos. Pouco tempo depois, fomos informados de que os soldados, que estavam presos, foram sendo chamados um a um e assassinados a tiro de fuzil ou sangrados a punhaladas no pescoço por um bandido mais moço, denominado Volta Seca, que chamava Lampião de padrinho.

Os facínoras decidiam o método de matar: *"Este vai morrer com tiro na nuca"* – diziam. Ordenavam que os soldados retirassem as caneleiras (perneiras que usavam na época) e, quando estes se abaixavam, davam o tiro de misericórdia na cabeça. Durante a chacina, as vítimas eram xingadas de macacos, tendo o bandoleiro Antonio de Engracia deitado do lado de fora do presídio, com o fuzil em punho, para o caso de algum deles fugir pela porta dos fundos. Retirados um a um, ao ver os colegas mortos os soldados entravam em pânico e suplicavam, chorando, para não morrer, mas não havia nenhuma piedade no olhar dos assassinos.

A população, assustada com os atos de barbárie, recolheu-se às casas, temendo o pior. Os bandoleiros passavam freqüentemente diante de nossa residência; minha mãe, com muita fé em Nossa Senhora, afirmava que eles não entrariam lá, o que de fato não aconteceu.

O bando anunciou que, à noite, na sede da filarmônica local, seria realizado um baile – ao qual as moças deveriam comparecer.

Assistimos à cena em que um senhor protestou, dizendo que suas filhas não iriam. Ele foi esbofeteado e suas filhas, levadas ao tal baile, que foi mesmo realizado, tendo uma parte do grupo se revezando no controle da pequena vila.

A sede da filarmônica ficava atrás da casa em que morávamos, e nossa empregada, que viveu conosco por mais de setenta anos, ficou a noite inteira segurando a cadela que possuíamos para que ela não latisse e chamasse a atenção dos malfeitores. Entre duas e três horas da manhã, ouvimos muitos apitos, que era a senha para que os bandoleiros partissem. E eles se foram, montados em burros, atravessando o Rio Itapicuru, que margeia a vila e que estava com o leito seco à época. O "capitão" Virgulino Ferreira, nesse dia, manteve-se junto do juiz de Direito, comandando os saques e dando ordens, mas não matou nenhum dos soldados.

Houve, curiosamente, um morador que, servindo de guia para a saída do bando, se defrontou com um velho cangaceiro chamado Gavião, que havia bebido muito e estava afastado dos companheiros. O malfeitor tentou matá-lo, mas o morador conseguiu derrubá-lo, matando-o com o próprio punhal. Em seguida, apropriou-se da sacola dele, fugindo com o dinheiro que havia nela para uma cidade distante, onde comprou uma casa.

As mulheres passaram a fazer parte do bando muitos anos depois; Maria Bonita, mulher do cangaceiro e com quem teve filhos, morreu com o marido numa emboscada da polícia, em Alagoas.

No dia seguinte à invasão de Queimadas, um contingente da polícia baiana chegou por via férrea, comandado pelo capitão Geminiano, que chorou diante dos corpos dos soldados assassinados. À tarde, chegou também outro grupo de policiais baianos, comandados pelo capitão Arsênio. Era uma "volante", como eram chamados os grupos de policiais que perseguiam os bandoleiros a pé ou montados em burros, como os próprios perseguidos. Não havia outro meio de transporte no agreste, e somente animais como burros e mulas eram de fato resistentes às agruras da luta...

Virgulino Ferreira tornou-se bandoleiro em razão das injustiças praticadas contra ele e sua família no sertão nordestino. Anos depois, no Instituto Médico Legal de Salvador, pude ver expostas a sua cabeça e a de Maria Bonita, sua mulher.

Tais experiências marcaram a nossa infância para sempre...

Conversações com Otávio Mangabeira

A conduta de Jango am não avaliar com clareza a força da conspiração militar de 1964 fez-me recordar as "histórias" que nos contava o governador da Bahia, Otávio Mangabeira, em serões agradáveis no Palácio da Aclamação, de que o presidente Washington Luís não acreditava que o movimento revolucionário de 1930 tivesse a força necessária para depô-lo e impedir a posse de seus sucessores já eleitos: Júlio Prestes-Vital Soares. À época, o governador baiano era ministro do Exterior de Washington Luís e o alertou sobre o perigo revolucionário que poderia destruir seu governo.

O presidente era um provinciano, conhecido como "paulista de Macaé", porque, apesar de atuar na política paulista, que ele imaginava sustentá-lo, era filho do município de Macaé, no Rio de Janeiro. Sua frase célebre – "Governar é abrir estradas" – servia como uma ponte de penetração da indústria estrangeira. Seu interesse básico era abrir estradas no país, detendo a disseminação de ferrovias e favorecendo um futuro mercado consumidor de automóveis e caminhões. Apesar de tudo, era homem da maior dignidade. Hoje, uma rodovia, que liga o Rio de Janeiro a Petrópolis, leva seu nome, em justa homenagem.

Naquele tempo, Washington Luís desdenhou da advertência de seu auxiliar, afirmando que o ministro da Guerra se encarregaria logo de acabar com os focos de insurreição. Não obstante tamanha confiança, ele foi deposto por uma "junta pacificadora" de generais, e o cardeal Sebastião Paes Leme foi quem o acompanhou ao deixar o Palácio do Catete rumo ao exílio, na Europa.

Por falar em Otávio Mangabeira, quero observar que tive a honra de ser seu colega na Câmara dos Deputados. Era um orador que empolgava o plenário, onde seus discursos eram ouvidos em completo silêncio, por respeito à beleza das frases e por sua visão dos problemas políticos do país. Tendo sido deputado na chamada República Velha, que antecedeu a Revolução de 1930, certa feita me observou, apontando para um deputado populista que ocupava a tribuna:

— Veja, meu caro Hermógenes, esta Casa já não é a minha Casa.

O deputado que estava na tribuna trajava-se em desalinho, com a camisa aberta e a gravata frouxa, fazendo Mangabeira relembrar-se dos tempos em que o parlamentar era obrigado a usar colarinho duro e colete, num momento sentimental de enorme nostalgia...

Hoje, se eu voltasse ao Parlamento brasileiro, talvez dissesse algo parecido: "Esta não é a Casa em que costumava trabalhar". Assistir, por exemplo, ao que acontece agora, em que dois presidentes do Congresso – Antônio Carlos Magalhães e Jáder Barbalho – são obrigados a renunciar para não serem cassados, por fraude e corrupção, e outros congressistas serem destituídos do mandato por crimes e homicídios comuns, que envergonham todo o povo brasileiro, isso é, sem dúvida, desolador!!! Quando hoje sou apresentado a alguém, fico constrangido em dizer que fui deputado, identificando sempre a minha profissão de médico pediatra! É constrangedor proceder assim, mas percebo que o conceito que prevalece na opinião pública sobre os congressistas é muito deprimente.

Sou por natureza otimista, tendo mesmo certeza de que a quase totalidade de nossos parlamentares é constituída por homens de bem e imbuídos de sinceros propósitos públicos. Acredito, por exemplo, que o atual presidente da Câmara dos Deputados, Aécio Neves – que pertence à elite política de Minas Gerais, como seus avós Tancredo Neves e Tristão da Cunha, assim como seu pai, Aécio Cunha, meus companheiros na Câmara dos Deputados –, saberá remover esse processo de falta de credibilidade política que hoje existe e que, junto com o presidente do Senado, Ramez Tebet, há de trazer de volta a estabilidade ao Congresso Nacional, bem como a confiança que nele deve ter a população brasileira. Admito, também, que à Justiça Eleitoral deve caber a responsabilidade de depurar, do quadro partidário e congressual, aqueles cidadãos que não merecem concorrer aos pleitos regionais e nacionais.

Sem uma reforma política que estabeleça o voto distrital, que existe na maior parte das grandes democracias do mundo, ficará cada vez mais difícil governar o Brasil com mais de vinte partidos políticos, muitos deles sem representação no Congresso Nacional.

O estabelecimento do voto distrital, imperativo político a ser implementado com a maior celeridade, evitará as distorções representadas pela proliferação exagerada de partidos, assim como extinguirá as correntes internas que agem unidas contra os interesses programáticos de suas próprias agremiações. Além disso, o voto distrital permite que o eleitor conheça melhor o candidato e possa cobrar-lhe as falhas, podendo, mediante melhor conhecimento de causa, não reconduzi-lo ao mandato no futuro. Traz unidade partidária em torno de um programa comum, obrigando os concorrentes de um mesmo partido a não digladiarem entre si. Ademais, evita que a votação do candidato seja fragmentada por todo Estado, sem que tenham tempo de se inteirar com firmeza dos problemas e conhecer bem as justas reivindicações dos eleitores.

É sabido, também, que se torna muito difícil aprovar o voto distrital no Congresso, em virtude de que muitos de seus membros só conseguem mandatos com voto fragmentado entre vários municípios.

A tão decantada "Reforma Tributária" é altamente necessária e evitaria as graves distorções, ainda existentes, que oneram por demais vários produtos, facilitam a especulação e prejudicam a vida do povo, porque, apesar de favorecerem a arrecadação do Estado, aumentam os desníveis sociais, trazendo sérios problemas para as regiões e para o bom desempenho da política econômica.

Um gesto amigo

Fui mero observador de alguns fatos da vida brasileira e participei diretamente de outros. Deixo de comentar, porém, alguns aspectos pitorescos e curiosos de minha vida, porque pouca importância teriam para compor a História política do Brasil. Desejo, no entanto, divulgar um fato de ordem familiar que muito me sensibilizou.

Ao comemorar meus quarenta anos de vida, em 27 de abril de 1957, num almoço íntimo com a família e poucos amigos, recebi a visita do presidente Juscelino, acompanhado de seu subchefe da Casa Civil, Osvaldo Penido, que vinham me abraçar e almoçar conosco. Meus pais, que tinham vindo de Salvador especialmente para a data, ficaram muito surpresos com a presença do Presidente da República em pessoa na residência de seu filho – e jamais esqueceram aquela honra.

Recordo-me, ainda comovido, da alegria proporcionada a meus pais, que puderam conhecer pessoalmente Juscelino, o que para eles significava um privilégio sem precedentes. Seu gesto de amizade cativou-me ainda mais, além do apoio que já lhe prestava como seu partidário político do PSD e como admirador do grande governo que ele estava realizando.

JK era assim mesmo, uma figura humana e amiga que cativava a todos que dele se aproximavam. Gostava de apreciar as belezas da vida, mas não por isso deixou de exercer com muita autoridade e firmeza o poder, nas ocasiões necessárias, não titubeando jamais quando a ação exigisse rigor, determinação e segurança.

Tinha profundo amor à família e referia-se sempre com todo carinho à esposa, Sarah, às filhas Márcia e Maristela, à mãe, Dona Júlia, à irmã Nana, ao cunhado Júlio Soares, ao sobrinho João Luiz Soares, oficial de gabinete em seu governo, e, especialmente, a Carlos Murilo, que era bom parlamentar e o auxiliava muito com as relações que mantinha no Congresso.

Uma reunião com a classe artística

O presidente Juscelino Kubitschek possuía uma personalidade alegre, simpática e extrovertida, demonstrando o gosto pela vida em plenitude. Exímio dançarino, de sua terra natal vinha o apelido "pé de valsa", como era conhecido pelo país inteiro.

Certa vez, nos idos de 1968, fui convidado pelo empresário artístico Névio Macedo para sua festa de aniversário. Muito conceituado nas rodas de artistas pela beleza dos trabalhos realizados, Névio pediu-me que convidasse Juscelino, já que lá compareceriam muitos artistas que desejavam conhecê-lo. Deixei-lhe um recado no telefone de sua residência. À noite, na casa do aniversariante, este me perguntou se o presidente viria. Respondi-lhe que não sabia, porque ele não havia retornado o meu telefonema.

O Benê Nunes, grande pianista, socialmente muito conhecido e admirado, e muito amigo de Juscelino, disse-me que era melhor ir à sua residência, já que era possível que ele não tivesse recebido o convite por telefone. Acabei cedendo à insistência do pianista, que dizia ser muito bom para o presidente conhecer melhor a classe artística. Chegamos ao apartamento e JK afirmou que de fato não havia recebido o meu telefonema. Falamos sobre a comemoração do aniversário do Névio Macedo e do grande número de artistas presentes. Juscelino vestiu-se, porque estava lendo e de pijama.

Ao chegar à festa, foi saudado com palmas e abraços. O aniversariante apresentou-lhe os diversos artistas, que estavam muito contentes em conhecê-lo. A apresentadora Hebe Camargo era, então, das mais animadas. Seguiram-se danças e cantorias, inclusive a canção *Peixe Vivo*, que tocava especialmente o coração do presidente, cantada por todos com muita alegria. JK estava muito alegre.

Mais tarde, nós o levamos para seu apartamento. Disse-nos então: *"Agradeço a vocês, meus amigos, a satisfação e a alegria desta reunião"*...

Era assim, JK estava feliz...

"Essa revolução já fracassou..."

"Essa revolução já fracassou..." – disse ontem o deputado Hermógenes Príncipe, que acrescentou: "até o próximo dia 15 sairá um manifesto elaborado por técnicos e homens da indústria de São Paulo, provando que há uma verdadeira política-econômica que irá salvar o país".
E disse que "agora vamos mostrar ao ministro Roberto Campos a alternativa válida que ele tanto reclama", afirmando, mais adiante, que solicitará ao PSD uma comissão para estudar o problema, "pois a situação está insustentável".
Na opinião do parlamentar, a indústria nacional está passando por um processo de desnacionalização e descapitalização "tudo conseqüência nefasta da política adotada pelo governo". Cita a Petrobras como exemplo desta situação, acrescentando que a denúncia do senador Artur Virgílio (pai do atual deputado amazonense do mesmo nome) "diz tudo".
"Precisamos" – disse – "de uma política que reforme as estruturas e que promova o desenvolvimento e que, acima de tudo, traga justiça ao povo brasileiro, que está cansado de sofrer. Nesse manifesto, mostraremos como alcançar isso."
Finalizando, o Sr. Hermógenes Príncipe diz-se contrário à prorrogação de mandatos, afirmando:
"Essa revolução já fracassou."

Diário de Notícias, Rio de Janeiro, 18.2.1965.

"A culpa é do governo..."

O deputado Hermógenes Príncipe responsabilizou o governo pela seqüência de falências, concordatas e "estouros" verificados em diversos pontos do país, dizendo que a política econômico-financeira e a omissão das autoridades bancárias são os fatores resultantes dessas situações que configuram a depressão em que vive o país.

"A insistir o governo na política do ministro Roberto Campos" – disse o deputado – "o que veremos de agora em diante são falências e mais falências, concordatas, estouros, arrastando firmas sérias, aumentando o desemprego e devorando a poupança popular, que se afasta cada vez mais dos investimentos."

Lembrou o deputado que enquanto a política financeira deprime a economia nacional, com depressão e redução de créditos, tributações onerosas e retração do mercado, o governo cruza os braços diante da ação das "arapucas" que arrecadam a poupança popular para negócios que acabam em estouros.

"O que está acontecendo no país" – disse – "nós vimos prevendo há muito tempo e evidencia a crise. A nova legislação bancária permite a intervenção do Banco Central nestas organizações, mas o governo, ainda que possuindo uma legislação eficaz para acabar com isso, omite-se inteiramente, permitindo que elas permaneçam em ação, destruindo a economia do povo."

Completou o deputado Hermógenes Príncipe, lembrando que os 12 bilhões de estouro do grupo Jafet, os vinte e oito bilhões da Mannesmann, os dezesseis bilhões da Aga, representam o dinheiro do povo que o governo deveria proteger.

O deputado Hermógenes Príncipe acusou o ministro da Fazenda, Sr. Otávio Gouveia de Bulhões, de tentar iludir a oficialidade brasileira, ao conferenciar ontem na Escola Superior de Guerra, anunciando a retomada dos negócios, o saneamento do mercado paralelo e novos investimentos públicos e privados.

"O ministro Gouveia de Bulhões quer montar uma grande farsa no País" – acusou o Sr. Hermógenes Príncipe – "ou, então, vive no mundo da lua, porque investimentos não existem, o mercado paralelo continua a funcionar, por culpa do próprio governo, e as falências e concordatas indicam que os negócios vão muito mal."

Tribuna da Imprensa, Rio de Janeiro, 14.7.1965.

Por que não fui cassado?

Por muito tempo, perguntaram-me por que eu não fora cassado em meus direitos políticos, numa época em que tantos bons companheiros meus, homens públicos de tanto serviço prestado à causa do Brasil, tiveram encerrados abruptamente os seus mandatos, legitimamente conquistados pelo voto popular. Muitos se espantavam com o fato de que eu permanecia externando minhas duras posições contra o regime de 1964, não só no Congresso, como em entrevistas a jornais, rádios e televisões, sem, contudo, fazer parte das listas sempre crescentes de punidos e presos pelos militares.

Sempre respondia a todos, naquela altura, que não cabia a mim a resposta, mas sim aos que tinham o poder discricionário nas mãos, a pena e o *Diário Oficial* para praticar seus atos de livre-vontade. Lamentava, entristecido, as muitas cassações e, sobretudo, as que não eram merecidas, porque recaíam sobre cidadãos que sempre julguei íntegros e que faziam o bom combate. Deixo de citá-las para não cometer injustiças, com as muitas omissões e falta de memória que poderiam acontecer com tantos anos decorridos.

A minha luta em defesa de Juscelino Kubitschek, da redemocratização, das práticas nacionalistas e a favor do desenvolvimento jamais esmoreceram. Tive duros debates com figuras que atemorizavam pelo poder de suas inteligências e palavras, como Carlos Lacerda, Roberto Campos e outros, sempre demonstrando coerência de atitudes e, por isso, vendo refletidas minhas opiniões no noticiário da imprensa, não raro nas manchetes diárias. O jornal *Tribuna da Imprensa*, então controlado por Carlos Lacerda, por muito tempo deu-me apoio e destaque, quando passou a ter uma linha editorial de oposição aos governos discricionários.

No episódio de intervenção no Estado de Goiás, governado por Mauro Borges, filho do senador Ludovico Teixeira, tomei uma atitude que lamento até hoje, quando saquei de um revólver, ameaçando a vida de um parlamentar, Antônio Carlos Magalhães, que, no desespero de fazer aparecer o seu apoio ao ato "revolucionário" de intervenção, gritava alto e em bom som que os derrotados eram todos subversivos e desonestos. Esperei, então, que ele saísse do plenário do Congresso e apontei-lhe a arma no rosto, afirmando com raiva: *"Eu não sou nem subversivo nem desonesto e quero que o senhor repita isso, porque lhe estouro os miolos".*

Dentre surpreso e assustado, o parlamentar respondeu-me que não se referia a mim, porque me conhecia muito bem. Retruquei, então, que ele havia generalizado a acusação e que eu fui um daqueles que perdera a votação. E ele repetiu o argumento: *"Não me referi a você, porque o conheço muito bem".*

Afastado de meu desafeto por colegas e seguranças da Câmara, repito, lamento muito o acontecido, porque sempre fui um homem que abominou a violência. Jamais andava armado, mas achei que naqueles tempos isso era necessário, porque o Congresso estava cercado por forças federais, com metralhadoras apontadas para a sede do Poder Legislativo, e os boatos que corriam eram de que, se o governo perdesse a votação da intervenção em Goiás, os militares fechariam o Congresso e prenderiam os deputados da oposição. Na véspera, discutimos reservadamente o que fazer, se fugir logo após a votação ou esperar a prisão. Muitos admitiram que era melhor fugir, e teríamos que ter armas para nos defender naqueles períodos de insegurança geral. Havia uma arma em minha residência para qualquer eventualidade, mas, repito, nunca a usei.

A votação foi muito demorada, porque o deputado Ranieri Mazzili, então presidente da Câmara, não encerrava a sessão, quando já não havia mais deputados para votar; ele demorava porque os governistas lhe pediam que não o fizesse, em razão do atraso de alguns parlamentares. Procurados, sob ameaça, em suas residências, esses deputados compareciam aos poucos para votar, morrendo de medo. Com isso, o governo venceu por três ou quatro votos, consumando-se a intervenção.

O parlamentar ameaçado por mim, Antônio Carlos Magalhães, num ato que contrariou o espírito de toda a minha vida pública, referiu-se ao fato em suas memórias, recentemente publicadas em livro. Revelo que a minha reação brusca se deveu ao clima reinante no

Congresso. Nesse contexto, escapei, por pouco, de praticar um ato que enlutaria toda a minha vida, ferindo ou matando alguém com quem, até aquele momento, nutria até boas relações.

Minha vida pública sempre foi de constante e ininterrupta luta pelo bem do Brasil, o que talvez tenha me levado a ser respeitado pelos adversários, que reconheciam minha disposição e sinceridade. Sempre os considerei adversários políticos, jamais inimigos. Talvez esteja aí a razão de nunca ter sido cassado.

Certa vez, discutia-se na Câmara dos Deputados, durante o governo JK, uma reforma do imposto de consumo. A bancada da oposição na Comissão de Finanças e Orçamento, presidida pelo deputado César Prieto, era muito dura e objetiva. Sempre que uma emenda era lida pelo presidente, a oposição debatia profundamente todos os aspectos. Num determinado momento, foi lida uma emenda, e o conhecido e combativo deputado João Agripino, que depois foi governador da Paraíba, perguntou ao presidente da Comissão quem era o autor. Foi informado, em seguida, de que era o deputado Hermógenes Príncipe. Imediatamente, retrucou: *"Está aprovada"*. Eis aí uma prova de respeito e confiança que minha ação política provocava em meus companheiros, sobretudo partida de um dos mais ilustres líderes da oposição!

A emenda referia-se a uma taxação que incidia sobre os charutos fabricados no interior de minha querida Bahia. Naquela época, cada charuto recebia um selo do imposto de consumo, o que demandava uma perda nas horas de trabalho e nas finanças das empresas, que eram obrigadas a comprar antecipadamente aqueles selos na Receita Federal, bem como pagar mão-de-obra apenas para fixá-los em cada produto. Isso estava levando os fabricantes à falência e iria produzir, em médio prazo, um terrível desemprego no interior baiano. A emenda aprovada recomendava que apenas a caixa de charutos recebesse o selo do imposto, o que acabaria com toda aquela distorção.

Jamais sofri, em minha vida política, qualquer acusação de me haver beneficiado de alguma ação que estivesse defendendo. Ademais, os órgãos de informação e segurança bem ativos jamais deixariam passar em brancas nuvens uma atuação que fosse danosa e não obedecesse aos padrões de honradez exigidos pelos militares.

Mantive contatos com escalões dos governos militares sempre num nível de alto respeito mútuo e discrição, necessários até mesmo para abrandar as medidas do poder discricionário que dirigia e controlava a Nação. Na verdade, todos éramos brasileiros, e respeito o que dizia Carlos Lacerda, durante a organização da Frente Ampla, na reunião em Lisboa, em que eu também estava presente, de que *"seria infeliz o povo cujos líderes não pudessem se reconciliar após divergir"*.

Esse princípio também norteou para sempre minha vida política, junto às três forças motrizes de minha atuação: democracia, nacionalismo e desenvolvimento, confiando em que jamais o ódio e as injustiças pudessem macular esses nobres objetivos.

Sou um homem comum e de boa convivência com a família e os amigos, com alguns pecados que jamais ofenderam os direitos naturais da cidadania. Acredito que minhas amizades, nas áreas civil, militar e empresarial, dos mais humildes aos mais abonados, sempre tratados com atenção e carinho, formaram a base de minhas expressivas votações, sempre crescentes, e que me conduziram aos mandatos que disputava, sempre sob a égide de meu lema predileto: "Servir sempre"...

Como médico pediatra, trabalhei sempre para atender a todos, e foi o sentimento de frustração de não poder resolver os problemas das populações de meu Estado, que sofriam e ainda sofrem, dos alijados da sorte, que se estendem, de resto, pelo país inteiro, que me fez ingressar na política, logo após os quinze anos da ditadura Vargas.

Ter e cultivar amigos sempre foi para mim motivo de alegria. Além disso, sempre gostei da boa informação, que até hoje me mantém curioso e atento aos acontecimentos que se desdobram pelo mundo. O próprio Carlos Lacerda, um adversário muito bem informado, disse-me, certa vez: *"Estou encontrando o seu nome em muitos dos meus encontros sigilosos"*. A declaração admirada e irônica de Lacerda muito me envaideceu, vinda de um ferrenho adversário de JK e com muito mais tarimba política do que eu...

Minhas amizades militares originaram-se de contatos familiares, porque meus tios e primos mantinham muito bom conceito entre seus pares, como também eu próprio era um egresso do velho Centro de Preparação de Oficiais da Reserva – CPOR, em Salvador, na Bahia, onde recebi a espada de aspirante, em 1937, na arma de Infantaria. Quando o Brasil entrou na Segunda Guerra Mundial, fiz o curso para oficial-médico da Reserva, no 19º Batalhão de Caçadores, também em Salvador.

Minhas amizades militares eram muitas: na Marinha, os almirantes Adalberto de Barros Nunes e Sílvio Moutinho, que foram ministros da Marinha, a quem conheci na Bahia, onde serviram durante a Segunda Guerra, assim como os almirantes Poggi de Araújo, genro do comandante Pimentel da Casa Militar de Getúlio Vargas, e Djalma Garnier, do alto comando da Marinha de Guerra, entre muitos outros oficiais.

Na Aeronáutica, convivi com os brigadeiros Francisco Teixeira, que foi ministro no governo João Goulart, e seu muito querido irmão, Lino Teixeira, da Casa Militar de JK. Com eles, reuni-me várias vezes na residência de Edmundo Muniz, um dos líderes nacionalistas mais importantes deste país, para discutir os momentos políticos após 1964.

Quanto ao Exército, minhas amizades remontavam aos tempos de rapaz, com o general Manoel Rebelo, que faleceu quando diretor de Engenharia do Exército, tendo sido interventor do Estado Novo em São Paulo e comandante do 3º Exército no Paraná, tendo meu tio, o coronel Custódio dos Reis Príncipe, como chefe de seu Estado-Maior. Fui amigo do general Jair Dantas Ribeiro, figura das mais admiradas nas Forças Armadas e que também foi ministro do Exército.

Cultivei, ainda, bons relacionamentos na imprensa brasileira, a começar por Assis Chateaubriand, o grande pioneiro da TV no Brasil, e o notável empresário de comunicações Roberto Marinho, que foi o responsável pelo engrandecimento do jornal *O Globo*, herdado de seu pai, Irineu Marinho, e que se tornou, sob seu comando, um dos mais importantes jornais do país, além da criação da Rede Globo de Televisão, hoje a quarta rede no cenário mundial.

Convivi, também, com Manoel Nascimento Brito, do *Jornal do Brasil*, um dos matutinos mais importantes da Nação, e com Oswaldo Costa, do respeitado jornal nacionalista *O Semanário*, os quais sempre me deram espaço e foram bons amigos, além de Otávio Frias, que conheci através de um grande amigo, Orozimbo Roxo Loureiro, que tornou a *Folha de S. Paulo* uma liderança do jornalismo nacional.

Não poderia esquecer, ainda, de Samuel Wainer, da *Última Hora*, que sempre me tratou com muita atenção, de Paulo Bittencourt, do antigo *Correio da Manhã*, lamentavelmente extinto, e de Tenório Cavalcanti, "o homem da Capa Preta", meu colega na Câmara e proprietário do jornal *Luta Democrática*, de grande circulação no Rio de Janeiro.

Não poderia, contudo, deixar de revelar entre as minhas relações, cultivadas em virtude de pontos de vista comuns nacionalistas, a amizade que mantive com um dos economistas mais brilhantes deste país, Jesus Soares Pereira, cuja inteligência admirável enchia de orgulho todos aqueles que tiveram o privilégio de com ele conviver. Contou-me ele que Roberto Campos era conhecido como comunista nas rodas do Itamaraty e era chamado carinhosamente por Oswaldo Aranha como "o nosso comunista". Certa vez, almoçando com Campos no Rio de Janeiro, Jesus ouviu dele a surpreendente revelação: *"Vou mudar de posição, porque não quero morrer como diretor de arquivo do Itamaraty"...*

Realmente, Roberto Campos mudou, tornando-se um dos mais brilhantes conservadores da diplomacia brasileira, cumprindo notar que essa conversa me foi confirmada por Olinto Machado, também de brilhante atuação no exterior.

É possível que muitos desses conhecimentos, feitos desde a mocidade, e outros, cultivados durante minha carreira política, tenham se entrelaçado para me fazer sobreviver às perseguições produzidas no período discricionário. Realmente, o cultivo do entendimento, a conversa franca e cordial talvez tenham me poupado de muitos desgostos políticos e da inveja intestina de adversários.

Lembro-me, mais uma vez, de Otávio Mangabeira, grande político e governador da Bahia, que sempre dizia que *"Política é conversa e, sem conversa, não há política"*. Essa afirmação pode ser aplicada até mesmo à História universal: Roosevelt, Churchill e Stalin, velhos adversários, tornaram-se aliados e conversaram em diversas conferências para alcançar a vitória, na Segunda Guerra Mundial, sobre o nazismo. Os governantes, de todas as tendências e mesmo adversários, conversam sempre para obter objetivos comuns. E o que é a Organização das Nações Unidas, senão um foro privilegiado de conversas internacionais?

Nunca foi pecado conversar e jamais me furtei a esse objetivo, mesmo que meus interlocutores estivessem em campos opostos. Assim, minhas divergências públicas e notórias em relação aos objetivos da Revolução de 1964 não me impediram de circular entre seus mentores e colaboradores para tentar, mesmo que com modesta contribuição, o abrandamento de perseguições indevidas e ensejar, para o mais breve possível, a redemocratização do Brasil.

Conhecimentos importantes

Foram sempre muito agradáveis e positivas as conversas com a feminista Adalgisa Nery, que foi uma das mulheres mais inteligentes e cultas que conheci durante minha vida política. A objetividade de seus conhecimentos, a análise de determinadas personalidades e situações políticas e seu senso de humor eram sempre cheios de características que deleitavam os que a ouviam. Era mulher do Lourival Fontes, um dos mais falados e polêmicos homens do seu tempo, atuando na política e na imprensa.

O senhor José Ermírio de Moraes era senador pelo seu Estado natal – Pernambuco. Foi para mim um bom conselheiro, considerando o seu grande tino empresarial, que transformaria a Votorantim numa das maiores empresas do Brasil. Foi sucedido por seu filho, Antônio Ermírio, que ele considerava como o mais apto para sucedê-lo no comando da poderosa empresa. Sua observação estava correta: o Antônio, como ele se referia, é hoje talvez o maior empresário brasileiro.

O Guilherme Afif Domingues, creio, teria sido um grande Presidente da República, pelos conhecimentos que tinha dos homens e dos problemas do país. Engajei-me em sua campanha, viajando para diversas cidades em sua companhia. Esta se desenvolvia muito bem – todos os brasileiros a estavam acompanhando, tendo em vista os números sempre crescentes das pesquisas eleitorais.

Eis que, durante uma importante reunião de caciques políticos decepcionados com os rumos da campanha de Fernando Collor, ficou decidido o apoio unido a Afif. Tudo certo, realizada a reunião que teria de ser secretíssima, Afif conversou com um bom amigo sobre o assunto. Este levou a imprensa a noticiar a reunião havida, o que fez seus participantes retornarem o apoio a Collor.

Lamentei muito o acontecido, especialmente depois do desastre do governo Collor, pois não tivemos a oportunidade de testemunhar a competência e a habilidade de Afif no comando do Brasil, que, certamente, teria um grande porvir.

O deputado Gilberto Kassab, que foi um dos principais companheiros de Afif em sua campanha, hoje desenvolve um excelente trabalho no Congresso Nacional e, acredito, terá um belo futuro político.

O capitão Agildo Barata – pai do ator Agildo Ribeiro –, de linha política extremada, era grande amigo meu e sempre tivemos muito boas conversas.

O deputado Horácio Lafer, deputado por São Paulo e ex-ministro da Fazenda e de Relações Exteriores, era uma figura cativante, de agradável convívio e de uma grande visão dos problemas do país.

As conversas com ele eram sempre muito produtivas, e ele nos transmitia uma confiança muito grande nos objetivos políticos e econômicos que projetava.

O Horácio Lafer faleceu enquanto assistia a um espetáculo teatral em Paris. Lamentei muito sua morte, pois estávamos sempre juntos e compartilhávamos, quando ele estava no Rio de Janeiro, o mesmo barbeiro no bairro do Leme. Lá debatíamos desprentensiosamente sobre vários assuntos, e a sua simpatia era muito apreciada pelos nossos companheiros políticos.

Seu neto, Horácio Lafer Piva, é o atual presidente da Federação de Indústrias de São Paulo.

A família Klabin, com os meus amigos Israel e irmãos, parentes do Lafer, fazem um conjunto de rara inteligência e espírito empreendedor que o nosso país tanto precisa.

Lembro-me de que, nos idos de 1970, encontrei-me com o Daniel Klabin, ao cair da tarde, num bistrô no Hotel Ouro-Verde, na Avenida Atlântica. Lá estava com meu grande amigo de Salvador, o empresário Hélio Guerstein. Perguntado sobre o seu filho, disse-me: *"Eu o mandei para Israel para trabalhar num kibutz. Como você sabe, Príncipe, filho de pai rico não quer saber de trabalho"*.

O Daniel, que estava ouvindo, interveio imediatamente: "Filho de pai rico tem que trabalhar, e muito, para conservar e ampliar o que recebeu de seus pais, depois, seguramente, de muito esforço e trabalho".

Essa intervenção do Daniel ficou para sempre em minha memória, e aí está o que ele e seus irmãos Israel e Armando vêm realizando em sua grande empresa, ampliando-a com muito esforço e dedicação. Foi uma boa lição para o meu amigo da Bahia.

6. Outros fatos da Vida Política

Nos tempos de Arthur Bernardes

O ex-presidente Arthur Bernardes, mineiro de Viçosa e que dizia que gostaria de terminar a vida política como vereador em sua terra natal, governou o Brasil durante quatro anos (1922 a 1926), em permanente "estado de sítio". Era um líder muito duro e firme, como também bom administrador e amigo dos amigos.

Conheci-o logo que comecei a viver a política no Congresso, mas nunca tive a oportunidade de conversar com ele, que sempre irradiava a força de uma personalidade forte, de um verdadeiro chefe. Diziam os seus correligionários do Partido Republicano, que o presidente olhava muito nos olhos de quem a ele se dirigia, afirmando sempre: *"Se você olhou bem nos olhos daquele que lhe contou ou prometeu alguma coisa, se ele baixou a vista ou se voltou, duvide da veracidade do que ouviu"*...

Existe um fato relatado por um de seus mais sinceros correligionários, que, certa vez, lhe perguntou:

— Você tem visto nosso amigo?... – perguntou.

— Tenho sim – respondeu-lhe o interlocutor.

— Ele foi um grande companheiro em minha campanha presidencial e já são passados quase dois anos e ele nunca mais me procurou! – disse-lhe, espantado, o presidente.

Era comum, como ainda o é hoje, os companheiros e colaboradores das campanhas procurarem o vitorioso para lhe pedir algum favor, como uma nomeação, uma transferência, uma promoção, enfim, algum favor, desde que não se quebrem os padrões de ética e honestidade que os homens devem obedecer.

Voltando-se então para o amigo, perguntou-lhe o velho Bernardes:

— Será que ele está zangado ou aborrecido por alguma falha nossa ou pouca atenção?

— Não – explicou-lhe o amigo –, ele está muito bem e sempre se refere ao senhor com muita admiração e respeito.

— É, mas diga que eu desejo vê-lo – ordenou-lhe o presidente – e quero vê-lo amanhã...

O amigo compareceu à presença de Arthur Bernardes na hora marcada e o presidente lhe perguntou por que nunca mais o havia procurado.

— Porque não tinha nada a lhe falar ou pedir e não queria perturbar o seu trabalho – respondeu-lhe o amigo com certa solenidade.

Bernardes, então, retrucou-lhe:

— Mas você foi um dos mais sinceros e entusiasmados em nossa campanha. E não tem nada a me pedir?

— Não, presidente – continuou o amigo –, nada. Só a honra de o senhor me chamar para esse encontro é para mim e para minha família uma grande homenagem... Mas se o senhor quer me honrar, amanhã vai haver uma reunião na Associação Comercial e eu lá estarei; só o seu cumprimento para mim me alegrará...

O presidente Arthur Bernardes fez mais. Quando chegou à Associação Comercial, cercado por toda a diretoria e pelos mais importantes associados, vendo o amigo, dirigiu-se especialmente a ele; levou-o pelo braço até uma janela e perguntou-lhe como estava a sua família e disse mais uma ou duas frases cordiais.

O presidente era conhecido como um homem educado, mas o era ainda mais pelo respeito e firmeza de seu caráter e por seu rígido comando diante das revoltas militares que surgiram em seu governo, como a Revolução de 1922 e o Levante dos 18 do Forte, em Copacabana, de memoráveis lembranças.

A homenagem especial, prestada ao amigo, deu-lhe grande prestígio entre seus pares e seus negócios prosperaram. Jamais voltou a procurar o presidente, porque aquela homenagem que ele lhe prestou, muito maior do que esperava, ficaria sempre em seu coração e no de sua família.

Assim era o Brasil do passado e, com a vontade de Deus, será o do futuro...

Fatos leves

Certa vez, estava em reunião festiva em Brasília, com muitos políticos e deputados, quando o ex-governador de Sergipe, Seixas Dória, muito meu amigo, começou a contar algumas histórias pitorescas do período em que esteve preso em Fernando de Noronha pelo regime revolucionário de 1964, em companhia do ex-governador de Pernambuco e grande chefe político Miguel Arraes.

Houve um momento em que Dória e outros acertaram a fuga da ilha, que se materializaria através de um barco que os esperaria a cem metros da praia, à meia-noite. Tudo combinado, resolveram falar com Arraes sobre o que deveriam fazer. O Arraes, então, lhes disse: *"Morro aqui na ilha, mas não vou nadar neste mar cheio de tubarões e à noite, o que é pior..."*.

A fuga fracassou e ele, Seixas Dória, contou com muita graça a reação de Arraes, que era muito corajoso, porém não a ponto de arriscar a vida inutilmente...

Fazer política na Bahia é muito duro, principalmente no interior, dada a enorme extensão do Estado, que é do tamanho da França. Ressalte-se ainda que se viajava, naquela época, dezenas de quilômetros por caminhos em que se não avistava qualquer ser humano.

Lembro-me de que, certa vez, viajando em direção à cidade de Irecê, no alto do São Francisco – em que receberia uma homenagem de correligionários –, o jipe que me transportava enguiçou e o motorista-mecânico, com quem sempre viajava, estava em dificuldades para encontrar o defeito e ansioso para que o conserto fosse feito, porque desejava chegar a tempo de comparecer à efeméride. Eis que, de repente, aparece um velho caminhão carregando sacos de carvão, que se dirigia justamente para a cidade de Irecê, meu destino. Identificando-me, o motorista ofereceu-me um lugar junto dele. Ele viajava só. Aceitei prontamente o convite, deixando o motorista no conserto do veículo.

Depois de viajar por quase uma hora, avistamos um grupo de pessoas à beira da estrada; o caminhão parou e então tomamos conhecimento de que era uma mulher em trabalho de parto, junto com a família e a "aparadeira" (parteira sem curso e sem conhecimento), que estavam à procura de socorro médico. O feto estava com um braço e uma perna fora da vagina e a parturiente estava sofrendo muito. Como médico, analisei a situação difícil daquela pobre coitada e cedi meu lugar ao lado do motorista, acomodando-a e à aparadeira. O marido e eu fomos para a boléia, junto aos sacos de carvão. Imaginem como cheguei à cidade, sujo de preto dos pés à cabeça, mas deixamos a parturiente aos cuidados médicos da assistência local. Posteriormente, soube que o recém-nascido já estava morto e a mulher, com muitas dores e febre. Mesmo assim, salvou-se e, a meu pedido, foi levada para Salvador, sendo tratada no Hospital Santa Isabel.

Esses fatos servem para sublinhar como era dura a vida de um político naqueles tempos...

Hóspede ilustre em Nova York (1957)

Quando fui representante parlamentar na Organização das Nações Unidas – ONU, em 1957, o presidente da Assembléia-Geral, ex-chanceler Oswaldo Aranha, perguntou-me se eu poderia hospedar em meu apartamento, alugado por três meses na cidade, o professor Saint-Pastour, um ilustre intelectual gaúcho e grande criador de ovelhas em seu Estado natal. Foi grande o privilégio de tê-lo comigo por alguns dias, já que as conversas inteligentes e objetivas que mantinha me davam muita satisfação.

Na época, ele pleiteava importar para o Brasil um lote de ovelhas australianas a fim de melhorar seu rebanho, o que a Austrália não permitia, zelando pela pureza de suas criações. Graças ao grande prestígio de Oswaldo Aranha, no entanto, o ilustre professor conseguiu o seu intento, logrando com a importação um grande benefício para o seu rebanho, bem como para toda a ovinocultura gaúcha.

Pela concórdia entre judeus e palestinos

O meu bom amigo e poeta Augusto Frederico Schmidt apresentou-me, certa noite, em Paris, as eminentes e históricas figuras do mundo judaico, dentre elas Moshe Dayan e Golda Meir, que eram de suas relações de amizade e com os quais acabara de jantar.

Não podemos esquecer o contexto histórico daquele encontro: o ex-chanceler Oswaldo Aranha, que em 1947 presidiu a Assembléia-Geral da ONU, foi um dos maiores responsáveis pela criação do Estado judeu, a ponto de obter o justo reconhecimento dos israelenses, que celebraram seu nome numa avenida em Tel Aviv.

A tendência brasileira de defesa da autodeterminação dos povos incentiva-nos também, hoje, a defender a criação do Estado Palestino, reivindicação justa e necessária para alcançarmos o equilíbrio e o desenvolvimento daquela região do Oriente Médio, e a tão almejada paz mundial. Oxalá isso venha a acontecer e desejo isso com a fé divina de um católico fervoroso que me honro em ser.

Tínhamos uma propriedade na ilha de Guaratiba, que foi adquirida pelo escritor Mansur Chalitta, muito conhecido pelos brasileiros por causa de seus belos artigos no jornal *O Globo*. Lá, ele iria instalar um centro cultural, denominado "Gibran Kalil Gibran", que seria coordenado por aquele ilustre intelectual libanês.

Os dois fatos aqui narrados – o encontro com políticos israelenses num jantar em Paris e a cessão de um imóvel para um centro de cultura árabe, no Rio de Janeiro – demonstram a minha simpatia pelos povos israelense e árabe, bem como a eqüidistância que mantenho em relação ao conflito entre Israel e a autoridade palestina.

Creio que todos os brasileiros, acostumados a viver num país de democracia étnica e racial, confiam em que as negociações para a criação de um Estado palestino, autônomo e independente, ponham fim a esse grave litígio que vem ceifando, dos dois lados, tantas vidas inocentes. E a cessação das hostilidades pode ser um grande capítulo a favor da dignidade da raça humana...

Momentos getulianos

Oswaldo Aranha, grande amigo e colaborador de Getúlio Vargas, desde a Revolução de 1930, guardava grande mágoa pelo fato de o presidente não lhe ter proporcionado a oportunidade de chegar também à presidência – sentimento que ele me confidenciou quando fazíamos parte da delegação brasileira na ONU, em 1957.

Eu freqüentava, a seu convite, o apartamento que ele ocupava no Hotel Waldorf Astoria, em Nova York, e almoçávamos quase que diariamente – e sua amizade muito me envaideceu. Confessava-me, então, que Getúlio nutria por ele carinho especial, embora tivessem passado por um período de relações frias, mesmo com o presidente sabendo de sua viagem aos Estados Unidos para tratamento de saúde (ele estava com dificuldades nas vias urinárias e chegava a pensar em câncer). No entanto, não sem algum prazer, afirmava que havia sabido que Getúlio, por telefone, havia instruído nosso embaixador a lhe fornecer toda a assistência necessária...

Getúlio Vargas estava sendo alertado, por membros de seu governo, de que a sociedade de um determinado Estado da Federação estava muito insatisfeita com o seu governador, que possuía uma amante. Diante das reiteradas queixas, o presidente resolveu convocá-lo para vir ao Rio de Janeiro e ouvi-lo sobre o trabalho que estaria desenvolvendo em seu Estado, bem como sobre o assunto delicado que provocava comentários muito negativos na elite de sua terra.

Em plena audiência, Getúlio interpelou-o:

— Governador, dizem que o senhor tem uma amante – disse Getúlio, de chofre.

Com veemência, o governador protestou:

— Isso é uma mentira, uma mentira! – repetiu.

Alegando que a informação foi-lhe transmitida por diversos companheiros e que isso lhe causava extrema preocupação, Getúlio teve de ouvir, espantado, a revelação bombástica do governador:

— Isso é uma mentira! Eu não tenho uma amante, tenho muitas amantes!

Conta-se que, diante daquele vigoroso acesso de sinceridade, Getúlio soltou uma sonora gargalhada e despediu-se do governador...

Amaral Peixoto, presidente do PSD, após ter sido governador do Estado do Rio de Janeiro, ministro de Viação e Obras Públicas (hoje Ministério dos Transportes) e embaixador nos Estados Unidos, foi também oficial de nossa Marinha de Guerra. Casou-se com Alzira, a filha predileta de Getúlio Vargas, tornando-se um colaborador muito íntimo do sogro em diversas questões nacionais.

Amaral conheceu a filha do presidente depois que Getúlio e sua família sofreram um grave acidente na estrada Rio–Petrópolis, quando se dirigiam ao Palácio Rio Negro, naquela cidade. Uma grande pedra deslizou de uma encosta, na estrada, e caiu sobre o carro presidencial, matando o ajudante de ordem da Marinha e ferindo gravemente Dona Darcy, esposa do presidente, assim como o próprio Getúlio. Comentou-se até que fora um atentado, mas os inquéritos realizados concluíram que foi acidente. Amaral Peixoto foi indicado para substituir o colega morto e, nessa ocasião, conheceu Alzira, com quem se casou.

Ele era conhecido por seus amigos mais chegados como "Comandante", tendo sido bom governador do Estado do Rio de Janeiro, onde se firmou como liderança incontestável. Como presidente do PSD, o maior partido político do Congresso, distinguiu-se pela extraordinária habilidade e tornou-se muito querido por todas as lideranças regionais e políticas. Seu equilíbrio na condução do partido fê-lo respeitado por todas as outras "raposas" do cenário nacional.

Getúlio, seu sogro, como hábil político, colocou João Goulart como seu representante e sucessor na área popular, e entregou a Amaral Peixoto a corrente moderada e conservadora de seus aliados.

A Companhia Siderúrgica Nacional – CSN foi construída graças ao decisivo apoio financeiro dos Estados Unidos, em troca da utilização por forças militares norte-americanas da base de Natal, no Rio Grande do Norte, em plena Segunda Guerra Mundial. Os presidentes Franklin Roosevelt e Getúlio Vargas chegaram a um acordo, em que a nação americana concederia os recursos necessários à instalação de uma usina siderúrgica no país, permitindo ao Brasil finalmente ingressar numa nova etapa de sua industrialização.

Os mineiros esperavam que a usina fosse construída em sua terra natal, por ser ela o maior produtor de minério de ferro do país. Ficaram muito aborrecidos quando sua instalação foi destinada ao Estado do Rio de Janeiro, sendo vencedora a reivindicação de Amaral Peixoto, governador e genro de Getúlio Vargas. Amaral Peixoto apresentara argumentos muito procedentes de base econômica: a usina, localizando-se no município de Volta Redonda, ficaria mais próxima da cidade do Rio de Janeiro e de São Paulo, os maiores centros consumidores de aço, e perto dos maiores portos, o de Santos e do Rio de Janeiro.

Mais tarde, o Estado de Minas Gerais ganhou, ainda na era Vargas, a usina que os alemães da Companhia Mannesmann queriam construir no Brasil. Negrão de Lima, mineiro e ministro da Justiça, levou a Getúlio Vargas o desejo dos conterrâneos, que aceitou a idéia e pediu ao ministro para tomar as medidas necessárias.

Nesta época, fazia parte do gabinete do ministro um jovem e brilhante advogado, Jorge Serpa Filho, encarregado de preparar os estatutos da nova empresa e outras medidas, todas acolhidas pela Mannesmann e pelo governo. Serpa Filho foi, pelo bom trabalho, indicado diretor administrativo da nova siderúrgica, que teve como primeiro presidente o Sr. Sigismund Weiss.

Juscelino Kubitschek, então governador, recebeu a notícia de instalação da Siderúrgica Mannesmann em Minas Gerais com o mesmo entusiasmo e alegria dos mineiros que assistiam o Estado ser recompensado pela perda da CSN. Tomou imediatamente as primeiras providências para o andamento rápido do grande projeto e agradeceu ao presidente Getúlio Vargas, bem como ao amigo e ministro Negrão de Lima, a obra que seria mais um marco de desenvolvimento de seu operoso governo.

Sem a indústria siderúrgica instalada no Brasil, seria impossível implantar as indústrias automobilística e naval.

Getúlio visita Minas (1954)

Juscelino Kubitschek falou-me sobre o presidente Getúlio Vargas, no tempo em que este visitou a capital mineira, pouco antes dos acontecimentos fatídicos de 24 de agosto de 1954 – data de seu suicídio.

Impiedosamente atacado pelos adversários, Getúlio estava deprimido. Ficou hospedado no Palácio das Mangabeiras, e foram tomadas providências para que tivesse uma permanência de paz e concórdia.

Juscelino, então governador, estava realmente preocupado com o estado de angústia de Vargas e procurou dar-lhe uma assistência amiga. Era o espírito dos mineiros, que, com simplicidade e grandeza, recebiam seus convidados, sobretudo os mais importantes. O apartamento do hóspede ilustre portava até alguns livros que amenizassem seu espírito... Contou-me que Getúlio quase não dormiu, caminhando constantemente até a varanda – observado pelo mordomo encarregado de servi-lo – e que lia as páginas de um livro que escolhera para a cabeceira da cama.

JK fez-lhe um relato das obras que estava realizando, inclusive as da Pampulha. Soube mais tarde que o tratamento dispensado na ocasião a Getúlio, que vivia sendo atacado por todos os lados e por ferozes adversários, tinha lhe trazido muito conforto e gratidão, tendo mesmo dito o presidente que ainda possuía "alguns amigos".

Posteriormente, Getúlio comentou com Amaral Peixoto e sua filha, Alzira: *"Observem JK, o governador de Minas, ele tem um grande futuro político"*.

O tempo encarregou-se de cumprir os vaticínios de Vargas: Juscelino, com todos os méritos, bafejado pela sorte e pelo destino, chegou à Presidência da República, cumprindo o seu mandato até o último dia...

Conclusão

Fé inabalável na democracia

Estamos terminando este trabalho, convencidos de que contribuímos com mais fatos que podem e serão analisados pelos que têm procurado conhecer muitos dos acontecimentos vividos na chamada "grande era do presidente Juscelino Kubitschek". São diversos os livros publicados sobre a vida e a obra deste singular brasileiro que governou o país e o governaria novamente, se infelizes e graves atentados ao regime democrático não tivessem perturbado o grande desenvolvimento que estava por vir.

A nação brasileira prossegue desenvolvendo-se, mas sem o ritmo e as diretrizes que seriam necessárias para reduzir a grande desigualdade social que nos atormenta e que produz uma sensação de insegurança e falta de solidez, que tanto abominamos. Algumas reformas, que deveriam acompanhar o processo de desenvolvimento, não estão sendo realizadas com a devida urgência, nem são propostas de maneira integrada para que promovam harmoniosos resultados para a sociedade.

A reforma tributária terá que ser implantada com a maior brevidade, para acelerar o processo de produção nacional. É importante para atender ao consumo interno, à crescente demanda e às exportações, que nos darão as divisas internacionais que possam consolidar a expansão da riqueza interna e, conseqüentemente, o bem-estar de todo o povo. Esta reforma, implantada com a objetividade necessária e sem casuísmos que a desfigurem, será medida importante e de alto valor para o prosseguimento do progresso brasileiro.

O empresariado nacional reclama, há muito tempo, por sua implantação, e o povo brasileiro, sem maior conhecimento sobre o que será necessário para diminuir as suas dificuldades, clama também por medidas que aliviem o seu sofrimento.

A reforma político-eleitoral é também imprescindível – e já me referi a ela neste trabalho. A implementação do voto distrital, repito, adotada em todos os países democráticos, é, sem dúvida, altamente recomendável, já que irá reforçar a unidade dos partidos, eliminando as disputas *interna corporis*, bem como nos levará a um número menor de partidos e a melhores condições de administrar a Nação.

A redução do número de congressistas terá também que ser adotada, porque a nossa representação parlamentar federal é maior do que a dos Estados Unidos, um país com quase 100 milhões de habitantes a mais do que o Brasil, e muito mais rico. Sabemos que é uma reforma difícil e será preciso imensa coragem para implantá-la, já que muitos partidos desaparecerão e alguns deputados e senadores eleitos considerarão ameaçados os seus futuros mandatos.

É uma solução política e econômica que ajudará certamente nosso orçamento público, determinando mais recursos para atender às necessidades nacionais. Naturalmente, se bem esclarecido sobre ela, o povo a apoiará com muito ardor.

O controle da natalidade é, igualmente, uma providência fundamental a ser tomada na luta para minorar os desníveis sociais. Declaro isso com todas as letras, não só como político, mas na qualidade de médico pediatra, atividade profissional que exerci, em minha terra natal, por muitos anos.

Espero que o que escrevi neste livro venha a robustecer a fé das novas gerações no regime democrático, sem dúvida o "menos pior" de todos os regimes, sujeito a crises e turbulências típicas da natureza humana, mas o único caminho de elevação dos níveis material e espiritual de nossa gente.

Como político de convicções democráticas, aprendi a conviver com as divergências, sempre buscando convergências quando havia atritos e incompreensões. Em meus sucessivos mandatos na Câmara Federal, jamais ofendi alguém, nem fechei portas definitivas com os meus adversários, o que, aliás, foi muito útil para o país, como relatei, mesmo nos tempos difíceis do regime militar de 1964, que durou mais de vinte anos.

Herdei meu otimismo do presidente Juscelino Kubitschek, que pautou toda a sua vida pela confiança e pela fé nos destinos luminosos do país, apesar das trevas que ele próprio teve de enfrentar. Mantive-o e mantenho-o, mesmo assistindo aos adeptos do "quanto pior, melhor...", que geralmente precede o alvorecer das ditaduras.

Defendi no Congresso o bom combate exigido por Paulo de Tarso nos tempos em que ser cristão era ser subversivo. Pautei minha vida pela firmeza nos princípios e pelo senso de honra moral, legado felizmente por meus pais e avós, que me permitiram granjear a amizade e a confiança de grandes homens públicos.

Os julgamentos apressados, eu os deixo para alguns, mas a análise cautelosa e fria dos historiadores, estribada em documentos e em maior sutileza, essa pode resgatar do limbo as lições que a História, mestra da vida, ainda contém, as quais, evidentemente, extrapolam essas páginas.

Anexos

025-01-01# Anexo 1

AS CARTAS DE JUSCELINO

Paris, 14.4.61.

Meu caro Hermógenes,
Dentro de minha casa as palmas à sua atitude têm sido veementes. Os discursos que o ilustre deputado vem pronunciando na Câmara, com o patriótico propósito de esclarecer a opinião pública do Brasil, constituem documentos que ficarão, assinalando a luta e o esforço

de um governo que lutou, sem desfalecimentos, pelo desenvolvimento nacional.
Como Presidente da República tive raras oportunidades de privar com o ilustre Parlamentar, razão por que me sinto, agora, à vontade para apresentar-lhe os meus agradecimentos e solidari-

zar-me contra as ofensas e ataques que só enaltecem e exaltam sua nobre atitude. Quero reiterar estes agradecimentos de viva-voz, quando do meu próximo regresso ao Brasil.

Abraços cordiais de
Juscelino Kubitschek

Meu caro Hermógenes,

É preciso que a gente esteja fora do País, sem o concurso das palestras e das sugestões dos amigos, para saber quanto é melancólica a vida no Exterior. Há momentos que apanho o telefone para chamá-lo e bater um papinho, e aí é que sinto a interposição de um oceano e a crueldade de certos aspectos que a vida nos traz. Não poderia jamais esquecer, meu caro Hermógenes, a correção e dedicação de suas atividades. Foram sempre presentes nas horas difíceis. Sei que depois de minha partida você ainda cresceu mais nas suas corajosas posições. Quero lhe trazer o meu abraço e recomendar-me à sua família.

Dia 30, casa-se Márcia em Lisboa. Para a singela solenidade que se realiza na Igreja de S. Isabel, eu gostaria imenso de contar com vocês – você e sua família. A presença de amigos de sua estirpe transformaria o ato numa verdadeira festa. Muito lhe agradeceria.

Com os meus abraços, creia sempre na gratidão de

Juscelino
Lisboa, 3.7.62.

Ao caro amigo Hermógenes Príncipe e família,
Príncipe, estou para lhe escrever. Fiquei sensibilizado com a sua intervenção no debate com o Roberto – muitíssimo agradecido. À enorme dívida de amizade que está na minha conta-corrente acrescento mais esta, junto de seu generoso coração.
Recomendações à família. Sinceros agradecimentos e um grande abraço do

Juscelino Kubitschek
Paris, em setembro de 1964.

Paris, 11.1.65.

Meu caro Hermógenes,

Ao deixarmos para trás o 64 e todas as suas amargas lembranças, quero enviar-lhe e à família os meus votos de felicidade. Os sete meses de ausência e de meditação me revelaram muita cousa, especialmente no tocante aos homens e às suas atitudes.

O seu sobrenome é uma indicação, de fato, das nobres qualidades de seu caráter. Príncipe na lealdade, príncipe na correção, príncipe na generosidade, você pode verdadeiramente ostentar este título, pois sabe honrá-lo.
Estou amadurecendo a idéia do regresso.
Não suporto mais a clausura que representa esta permanência.

As condições materiais e morais para aqui ficar já estão se esgotando.
Penso, assim, depois de uma viagem provável aos E. U. e Canadá, rumar para casa, para rever os amigos e me integrar na vida definitiva.
Não quero iniciar este ano sem lhe mandar uma palavra de agradecimento. Mais, muito

mais do que lhe poderia dizer, é a gratidão silenciosa que me acompanhará por toda a vida, quando me lembrar das vozes que me confortaram na hora da travessia do deserto.
Aceite com sua senhora e filhos o abraço afetuoso do velho amigo de sempre

Juscelino Kubitschek

Escrever-lhe-ei depois. Não quis perder o portador.

N. Y., 13.1.66.

Meu caro Hermógenes,

O Vissing tem sido um admirável amigo, prestando-me uma assistência que me sensibiliza profundamente. Ele é amigo de fato, leal e bom.
Estou tentando nova adaptação. Aqui as coisas são mais difíceis. O tráfego é impossível, o frio a 15º abaixo de zero, emoldurando um vento que corta como navalha.

Estou instalado num escritório:
11 West 57 Street Ap. 4A – New York.
Mande suas ordens para cá. Tenho tido poucos contatos com o Brasil. Procuro me enquadrar numa vida de atividade comercial.
A situação econômica exige e a solidão se tornará menor com o trabalho.
Quando puder, mande-me suas impressões. Vi a candidatura do Costa e Silva. Bem, meu caro, um abraço muito apertado para você e família,

Do Juscelino

Anexo 2

UMA CARTA PARA JUSCELINO

Logo após passar o governo para Jânio Quadros, Juscelino viajou para o exterior. O clima de ataques e de revanchismo estava se processando com muitas ameaças pessoais. Havia, também, amigos com muitos interesses políticos que recomendavam que ele deveria evitar a volta ao Rio de Janeiro. Foi nesse contexto que lhe dirigi a seguinte carta:

Rio de Janeiro, 22 de abril de 1961.

Meu caro presidente,

Foi com surpresa que recebi a notícia de que, quando de sua volta ao Brasil, o Senhor, do próprio aeroporto, seguiria em outro avião para Goiás. Perdoe-me, presidente, falar-lhe eu com a franqueza de um amigo que outro interesse não tem senão vê-lo completar a grande obra de consolidação do mesmo processo de desenvolvimento.

A missão histórica que o destino lhe reservou ainda não se encerrou, muito pelo contrário, apenas começou, e cabe-lhe prosseguir na luta, com o mesmo entusiasmo e afã, mesmo fora do governo. A sua liderança, nessa batalha patriótica e humana pelo bem do Brasil, não pode ficar limitada pelos "interesses" de uns poucos que, temerosos dos processos de perseguição do atual governo, querem, protegendo-se, prejudicar a sua grande missão. Erram, caro presidente, os que assim pensam, porque o sistema que os implantou no país não se apieda dos fracos, mas teme os fortes. Ignoram eles que só o aumento crescente de sua política poderá abrandar os atos punitivos dos atuais detentores do poder.

É por isso, Sr. Presidente, que considero necessária a sua permanência por alguns dias no Rio de Janeiro, ainda o principal cenário da política brasileira e onde seu prestígio crescente contrasta vivamente com o contínuo fracasso do novo governo.

Aqui, acertaríamos os rumos de sua nova campanha, que tem de ser alta, objetiva e bem planificada. Daqui sairíamos para São Paulo, Belo Horizonte e Goiânia, que seria a etapa final desta primeira fase de sua peregrinação cívica, em prol do desenvolvimento da nossa grande Nação.

Creia-me, Presidente, desconfie daqueles que lhe recomendam a fuga à luta aberta, porque outros objetivos eles têm, bem diferentes, bem diversos daqueles que não desejam vê-lo perder essa grande bandeira que está em suas mãos. Não devemos esquecer que no ano vindouro teremos eleições governamentais em dez Estados e a renovação quase total do Congresso. E como poderemos pensar com segurança no futuro, se a nossa vitória não for ampla e esmagadora?

Agradeço-lhe as manifestações de apreço que muito me confortaram e animam e peço recomendar-me à digna família, com votos de feliz regresso, do amigo

Hermógenes Príncipe

Anexo 3

EM DEFESA DO DESENVOLVIMENTO BRASILEIRO
(Discurso pronunciado na Câmara dos Deputados a 8 de março de 1961)

Senhor Presidente,
Senhores Deputados,

Subo a essa tribuna para tratar de um tema que vem prendendo a atenção do povo brasileiro desde aquela noite de 31 de janeiro, em que S. Ex.ª, o Sr. Jânio Quadros, apenas empossado na Presidência da República, descreveu terrível, agourenta, verdadeiramente sombria, a situação financeira do País.

Eminentes colegas desta Casa já tiveram ocasião de responder, com objetividade e minúcia, ao Sr. Presidente da República; e se agora retomo o assunto é porque porta-vozes do governo, por todos os meios a seu alcance, vêm reiteradamente trombeteando aos quatro ventos o mesmo juízo que sobre a situação financeira nacional formulou o Sr. Presidente da República, inspirado certamente por assessores pouco informados ou de má-fé.

O modo catastrófico com que se vem pintando a situação financeira do país é de tal ordem, e de tal modo está impressionando espíritos menos afeitos a pesquisas dessa natureza, que já toma corpo nas ruas uma campanha objetivando arrecadar dinheiro do povo a fim de ajudar o Brasil a saldar sua dívida externa, como se fora possível fazê-lo através de cruzeiros.

É este um engodo que, visando obscurecer a política desenvolvimentista do ex-presidente Juscelino Kubitschek, acabará deixando falsamente transparecer, perante as demais Nações do mundo, que o Brasil se encontra numa irremediável posição de insolvência.

Em toda a nossa História, nos piores transes por que têm passado as nossas finanças, jamais se utilizou de argumentos tão sutis para minar diante do povo o conceito de um ex-Presidente da República; jamais se serviu de tão bem engendrada máquina para levar ao descrédito uma filosofia de governo.

Há certamente, por trás de tudo isso, um conluio, indefinido ainda, mas muito bem pressentido.

A Nação, que se erguera acreditando na sua capacidade realizadora e via otimista o despontar de tempos novos para o seu desenvolvimento e sua redenção, verifica surpresa que desejam levá-la outra vez a descrer de si mesma, inoculada pelo mais amargo pessimismo sobre o seu presente e por muito tempo ainda sobre o seu futuro.

Omitem-se as grandes obras de infra-estrutura do último qüinqüênio; cala-se o imenso acervo de realizações que se legou ao país; não se fala, entre outros avanços, no da indústria nacional, que irá fornecer ao governo, num crescendo extraordinário, os meios com que poderá continuar a tarefa de soerguimento nacional.

A impressão que dá ao povo é de que nada se realizou, absolutamente nada, e de que o ex-presidente Kubitschek passou cinco anos sentado em frente a uma fogueira, deliciando-se em nela atirar as cédulas que o povo teria destinado à Brasília, à Sudene, às estradas, às hidrelétricas, aos açudes, aos silos e armazéns, à exploração do petróleo, ao ensino, às indústrias de base, enfim.

A impressão que se pretende dar ao povo é de que o Sr. Juscelino Kubitschek nada plantou; de que neste qüinqüênio de 1961 a 1966 nada se vai colher do anterior; de que o Sr. Juscelino Kubitschek recebeu um país que usufruía de uma situação de bem-estar insuperável e o depôs arrasado em mãos do Sr. Jânio Quadros.

Tudo é tétrico, ao ver do Sr. Presidente da República. Não há com que pagar as contas internas, nem saldar dívidas externas. O país está à beira da falência e, para salvá-lo, torna-se mister demitir funcionários, dobrar os turnos de trabalho, apagar as luzes das repartições públicas, vender os restos de papéis atirados à lata de lixo e esmolar pelas ruas. Carrega-se grosso e com cerrado tiroteio sobre o déficit orçamentário, esquecendo-se de que o orçamento é uma lei autorizativa, facultando-se ao Executivo gastar conforme convém aos interesses nacionais. Déficits sempre os houve em toda a nossa História republicana. Deficitárias estavam nossas finanças quando, em condições mui diversas, assumiu a Presidência da República o Sr. Juscelino Kubitschek, em 1956. Naquele ano, achava-se o país convulsionado, divididas as tropas militares, abalada a República por movimentos armados. Recebe o Sr. Jânio Quadros, em 1961, um país em calma, pacificado, sem ódios nem rancores, sem nada que lhe distraia o espírito da rotina administrativa.

Entretanto, em 1956, não se ouviram do Sr. Juscelino Kubitschek os agoureiros pios que hoje ecoam de norte a sul do país. Ao contrário, pôs mãos à obra na recuperação nacional e encheu este Brasil de otimismo, otimismo que agora falsamente se tenta demonstrar sem razão.

Mas passemos agora, sem mais perder tempo em considerações, a enfrentar a realidade dos números exatos, os quais, estou certo, espantarão os fantasmas com que se pretende aterrorizar a Nação brasileira, desviar o Brasil do ritmo de progresso que começara e infiltrar neste país um pessimismo bem mais destruidor e letal do que todas as inflações.

Examinemos as condições econômico-financeiras em que o Sr. Juscelino Kubitschek encontrou o país ao assumir a Presidência da República, em 31 de janeiro de 1956, e como as entregou ao Sr. Jânio Quadros, em 31 de janeiro de 1961. Essas condições, que retrataremos com cifras e dados simples, mas irretorquíveis, demonstrarão que não apenas a situação financeira mas também a econômica conduziam o país, senão para o empobrecimento, ao menos para a estagnação – o empobrecimento ou a estagnação que caracterizam os países produtores de matérias-primas e gêneros alimentícios, cujos líderes não tiveram ainda a inspiração de fazê-las transpor os limites que as integrarão no progresso.

Ao Sr. Juscelino Kubitschek deve o Brasil a decisão histórica, ainda pouco compreendida por muitos, mas sentida por todos, de que era inadiável desviar-nos do velho caminho que nos retardava, para nos colocar – antes que fosse tarde – às pressas, de qualquer forma, no atalho do progresso, da nossa emancipação econômica.

Até 1955, os altos e baixos índices da economia brasileira refletiam, em média, um crescimento real que ameaçava tornar-se inferior ao crescimento da população. O Produto Real por Pessoa atingia, em 1955, o seu mais baixo índice desde 1947 – 1,4% –, por força da política econômico-financeira do presidente Café Filho. Este dado, confirma-o a *Revista Brasileira de Economia*, editada pela Fundação Getúlio Vargas sob orientação do Instituto Brasileiro de Economia, de que é presidente o Sr. Eugênio Gudin e vice-presidente o Sr. Otávio Gouveia de Bulhões.

De nossa produção, quase toda de bens primários, a parte exportável sofria quedas vertiginosas de preços nos mercados mundiais. Os preços do café e do cacau, nossas principais fontes de divisas, caíam de 1954 em diante, e em mais de 50%.

Queríamos crescer, mas não dispúnhamos de meios. Os capitais não se acumulavam, nem dentro, nem fora do país. A pobreza extrema nos espreitava. Éramos o País do Futuro, dizia-se, mas ficávamos a deliciar-nos apenas com a profecia. O Sr. Juscelino Kubitschek, já antes de eleger-se presidente, sabia que a capitalização era o caminho único para levar o bem-estar ao povo, para torná-lo beneficiário da civilização. Sabia também, o ex-presidente, que o instrumento para atingirmos o estágio de progresso estava na industrialização intensiva e na diversificação da indústria, através de iniciativas racionalmente distribuídas e estimuladas por todo o país.

Elaborou-se o Programa de Metas – trinta metas congregando investimentos inadiáveis nos setores de energia, transportes, alimentação, indústrias de base e especialização técnica. O Programa de Metas, portanto, vinha constituir o instrumento civilizador de nossa economia, não apenas transformando nossas riquezas, mas também dinamizando-as a serviço do povo e da unidade nacional.

Esse plano arrojado e patriótico, como não poderia deixar de ser, haveria de exigir grande massa de recursos financeiros, em moeda nossa e em moeda estrangeira. Era ele inadiável. O Brasil, sem vias de comunicação, sem estímulo para a iniciativa privada, sem nenhuma planificação econômica digna desse nome, e com seus produtos desvalorizando-se nos mercados internacionais, desafiava a coragem dos líderes.

Juscelino Kubitschek aceitou o desafio. Compreendeu a angústia que dominava o país à espera de uma transformação. Mas o quadro financeiro herdado constituiria em difícil obstáculo para transpor. O Tesouro Nacional responderia, em 1956, por despesas improdutivas, cuja soma iria conduzir a Nação a um déficit orçamentário de 32 bilhões de cruzeiros, quatro vezes maior que o de 1955. Sim, *quatro vezes* maior que o de 1955. Predominavam, nesses gastos, os reajustamentos de pessoal militar, cujos vencimentos estavam muito aquém do indispensável ao viver condigno das classes armadas.

Por outro lado, o crédito ao comércio e à população sofrera graves prejuízos em face da corrida bancária, provocada artificialmente pelas autoridades do governo Café Filho. O setor fiscal padecia com tremendos déficits e métodos anacrônicos de taxação, fiscalização e arrecadação. O sistema bancário, por seu turno, não merecia a confiança das atividades comerciais e produtoras. Nem mesmo os Bancos especializados, como o BNDE, dispunham de recursos para cumprir suas finalidades de desenvolvimento econômico. Suas aplicações, hoje de 30 bilhões de cruzeiros, não ultrapassavam então a quantia de 3 bilhões de cruzeiros.

E os recursos externos? Nesse particular, a situação financeira de janeiro de 1956 não encontrava, em gravidade, precedentes em nossa História.

O governo do qüinqüênio anterior, temeroso de que o conflito da Coréia se transformasse em Terceira Guerra Mundial, pusera fim às nossas reservas de divisas estrangeiras, no afã de estocar contra a escassez que poderia advir de uma guerra que afinal não houve. Em conseqüência, os déficits cambiais se avolumaram a tal ponto, e os empréstimos externos para cobri-los foram de tal ordem, que, quando assumiu o governo o Sr. Juscelino Kubitschek, as entidades internacionais tinham fechado suas portas ao Brasil, tanto para aquele crédito como para o desenvolvimento econômico. O Banco Mundial negara-se, em 1956, a financiar as metas. O Eximbank negara-se, na mesma época, a reesquematizar o prazo de nossos débitos. Ademais, recebia o Sr. Juscelino Kubitschek, para pagar no qüinqüênio 1956-1960, uma dívida de cerca de 2 bilhões de dólares.

Paralelamente, assistíamos à desagregação das cotações de nossas matérias-primas e gêneros alimentícios, a comprometer a nossa receita cambial. Era um fenômeno internacional, que nos dias presentes continua ganhando intensidade na alarmante missão de estrangular as economias subdesenvolvidas.

Lembro à Nação, não com argumentos, mas com cifras, que a soma dos déficits cambiais do Brasil, de 1951 até 1955, foi superior a 1 bilhão de dólares. Resultantes de quê? De financiamentos à siderurgia? De financiamentos às indústrias de base? De gastos com tratores para a agricultura? De gastos com as hidrelétricas? Para elevar o nível de bem-estar futuro do povo? Certamente que não. Esse bilhão de dólares, em déficit, foi gasto para estocagem e outros fins, que não os do desenvolvimento.

Esse, Sr. Presidente, é o panorama financeiro, apenas traçado em linhas gerais, herdado pelo Sr. Juscelino Kubitschek.

E naquele 31 de janeiro de 1956, em vez de lançar às costas de seus antecessores a culpabilidade de uma situação, essa, sim, verdadeiramente catastrófica, e em vez de procurar corrigir os males através de medidas abaladoras de ordem social, convocou os seus ministros e os seus assessores técnicos para, às sete horas de 1º de fevereiro, expor-lhes um plano concreto de altas realizações em todos os setores da economia nacional. Sabia o ex-presidente que tinha de pagar, centavo por centavo, dólar por dólar, o que não gastara, mas sabia também que dólar por dólar, centavo por centavo, ou real por real, todos os governos da República haviam pago cada um as dívidas de seus antecessores. Tal é normativo na vida das Nações, em qualquer parte do mundo. Sucede Kennedy a Eisenhower? Paga-lhe as dívidas. Assume Krutchev o comando na União Soviética? Paga dívidas. Somente os ditadores de longo domínio vivem a saldar as suas próprias contas transatas.

Mas prossigamos.

Cabia também ao Sr. Juscelino Kubitschek a tarefa de reeducar a Nação no sentido de pôr as nossas parcas divisas a serviço do progresso. E assim o fez, empenhando em investimentos financiados previstos no Programa de Metas os orçamentos cambiais futuros, a fim de que o Brasil não viesse a ficar comprometido, também no futuro, por administrações menos zelosas de seu progresso.

De fato, o aumento verificado na dívida externa do Brasil no período 1956/1960, isto é, 1 bilhão e 300 milhões de dólares, diz todo ele respeito a financiamentos de desenvolvimento econômico registrados na Sumoc. Não somos nós que o dizemos, mas as estatísticas daquele órgão técnico e a escrita da Carteira de Câmbio, reproduzidas no relatório do ministro Paes de Almeida ao seu sucessor.

As estatísticas esclarecem mais a esse respeito. Indicam ainda que aquelas iniciativas vitais ao nosso progresso congregaram investimentos de cerca de 2 bilhões de dólares, sem falar nas importações sem cobertura cambial. Se assim ocorreu e se o endividamento total do Brasil cresceu em apenas 1 bilhão e 300 milhões de dólares entre 1956 e 1960, fica aritmeticamente demonstrado que significativa parcela das obrigações assumidas no exterior para a realização da gigantesca obra de progresso foi resgatada pelo próprio governo do Sr. Juscelino Kubitschek.

Não se justifica, portanto, a afirmativa de que o que se fez cumpre agora resgatar amargamente, pacientemente, dólar a dólar, cruzeiro a cruzeiro. Ademais, é chegada a hora de oferecermos ao povo a medida exata dos fatos e dos números. Estamos no momento de mostrar a todos os brasileiros que não há necessidade de vivermos de verdades não reveladas. Por exemplo: mesmo que, como divulgou o Sr. Jânio Quadros, a dívida externa brasileira se expressasse em 3,8 bilhões de dólares – o que não é exato, pois, segundo consta, aí foram incluídas operações sem esquema de resgate, dívidas impugnadas pela própria Sumoc e até troca de matérias-primas por equipamentos, sem caráter financeiro –, que significado especial pode oferecer o enunciado dessa cifra forjada? Que ela equivale a comprometer dois anos de nossa receita cambial total?

Ora, é insignificante esse aspecto, se considerarmos que, enquanto o resgate daquele endividamento se arrastaria até o ano 2083, como divulga a Sumoc – o que equivale a dizer, 122 anos pela frente para resgate –, a contrapartida de bens estruturados segundo as Metas estará garantindo ao Brasil, no curso dos próximos dez ou quinze anos, a desejada emancipação econômica, isto é, oferta crescente de emprego com elevado nível de bem-estar e progresso para um povo que aumenta na razão de 1 milhão e 800 mil almas por ano.

Sabemos e não negamos que expressiva parcela daquele resgate recai sobre os anos 1961, 1962 e 1963. Mas sabemos que, em 1958, 1959 e 1960, o ônus dos pagamentos coube em semelhantes proporções ao governo do Sr. Juscelino Kubitschek. Ainda assim, o Sr. Juscelino Kubitschek, que recebera o país com déficits cambiais médios de 215 milhões de dólares anuais no qüinqüênio 1951/1955, entregou-o ao Sr. Jânio Quadros com esses déficits reduzidos em média a 147 milhões de dólares. Isso sem embargo do acelerado ritmo e do vulto das promoções econômicas do período, e apesar de terem os nossos produtos exportáveis sofrido irreparável queda de preços nos mercados internacionais.

Mas não são apenas esses dois os aspectos a serem levados em conta. O Sr. Juscelino Kubitschek encontrara o Brasil de 1956 devendo 615 milhões de dólares, a título de empréstimos levantados pelos ministros Lafer e Gudin, para a cobertura dos déficits cambiais a que nos referimos. Esses ministros esgotaram aquele tipo de crédito, empenhando a quase totalidade de nosso ouro, quando o café, o cacau, etc. valiam o dobro, em dólares, nas bolsas externas. Mesmo assim, a posição devedora que recebeu – 615 milhões de dólares – foi praticamente a que passou ao Sr. Jânio Quadros: 619 milhões de dólares, englobando todas as obrigações da espécie com o Fundo Monetário Internacional, o Eximbank e o Consórcio de banqueiros particulares.

Focalizando nossas relações financeiras com o Eximbank, nos últimos cinco anos, eis o que diz a bem informada revista norte-americana *Hanson's Latin American Letter*, em comentário divulgado pelo insuspeito e altamente conceituado matutino *O Estado de S. Paulo*, em sua edição de 5 do corrente:

> O Banco norte-americano abriu a favor do nosso País créditos no montante de US$ 452 milhões; mas, no mesmo período, o Brasil pagou US$ 344 milhões a título de amortização e US$ 77 milhões a título de juros. Quer isto dizer que o saldo líquido a favor do Brasil foi de 31 milhões de dólares. Nesse período, a nossa dívida ao Eximbank passou de 460 para 509 milhões de dólares, ao passo que o nosso Produto Nacional Bruto teve um aumento equivalente a 5 bilhões de dólares. Segundo aquela publicação norte-americana, os Estados Unidos não têm levado em conta o progresso do Brasil. Enquanto em janeiro de 1956 os empréstimos do Eximbank ao Brasil representaram 22% do total dos empréstimos aos países latino-americanos, em dezembro de 1960 apenas representaram 12%.

Do que isso representa como margem para a reabertura, em larga escala, de negociações financeiras no exterior, diz bem a própria aproximação dos Estados Unidos, oferecendo-nos agora novos empréstimos. Entretanto, esse benefício herdado pelo Sr. Jânio Quadros custou sacrifícios imensos ao governo do Sr. Juscelino Kubitschek. Os déficits cambiais, embora menores que os do qüinqüênio 1951/1955, não contaram com a ajuda externa para serem cobertos.

Para tal efeito, chegaram mesmo a hostilizar-nos com imposições que, se aceitas, afetariam a nossa soberania. Condicionavam o deferimento de novos recursos à paralisação de nosso crescimento através de reformas sugeridas a pretexto de combater a inflação. Como se a nossa inflação, no fundo, na sua causa última, não fosse principalmente uma decorrência de nossa condição de vendedores de bens primários a preços aviltados e de importadores de manufaturas de custo crescente. Tirar o país dessa condição, eis a razão de ser da política desenvolvimentista do Sr. Juscelino Kubitschek.

Se o extraordinário esforço de desenvolvimento vem recebendo, de algumas partes, com um colorido pejorativo, o sufixo *ismo*, o povo, entretanto, compreende ou sente que esse desenvolvimento tinha de ser realizado na proporção de cinqüenta anos em cinco. Só assim poderíamos ganhar a corrida contra a pobreza e contra a humilhação que vinha presidindo nossas relações de trocas com os demais povos.

Desvendadas as nossas possibilidades e transformando psicologicamente o nosso povo – empresários e empregados, produtores e consumidores –, mostrou-se ao mundo como, em apenas cinco anos, o trabalho incessante, entusiasmado e, ao mesmo tempo, humanizado por um líder integrado em nossa índole pode revolucionar um país sem os sacrifícios sangrentos e a escravização que caracterizaram semelhantes etapas da evolução de outros povos.

Com efeito, já dissemos que o Sr. Juscelino Kubitschek encontrou o país com índice econômico ameaçado de ser ultrapassado pelo aumento demográfico. O Produto Interno Bruto Total e Pessoal, em 1955, foram os mais baixos desde 1947, segundo as estatísticas da Fundação Getúlio Vargas, publicadas sob a orientação do Instituto Brasileiro de Economia, dirigido pelo Sr. Eugênio Gudin. A taxa de 1,4% do Produto por Pessoa refletia, na verdade, os efeitos da política sufocante posta em prática então pelo Sr. Eugênio Gudin e por sua equipe de técnicos. A tese deles era a recessão, como se uma economia com possibilidades ilimitadas de expansão, em que o Estado, através do serviço público, ainda tem a missão assistencial de suprir a carência de oferta de emprego por parte do setor privado, pudesse admitir como solução um fenômeno artificial elaborado por homens eruditos, mas não cultos.

Pois bem, esse é o Brasil de 1955, espreitado pelo empobrecimento. A dívida externa, impondo ao período 1956/1960 pagamentos de cerca de 2 bilhões de dólares, eliminara quaisquer possibilidades de serem obtidas novas ajudas em dinheiro. A contraface econômica desse endividamento não se constituíra em investimentos, mas apenas em estocagens e importação de bens acabados. Somente os déficits cambiais haviam totalizado mais de 1 bilhão de dólares no qüinqüênio 1951/1955. Nossas relações com a Inglaterra continuavam prejudicadas pelos atrasados comerciais, no montante equivalente a 88 milhões de dólares. Assistia-se ao aviltamento dos preços do café. O Brasil, na tentativa isolada de sustentar cotações supervalorizadas, estimulara a produção de seus competidores.

O governo do Sr. Juscelino Kubitschek recebeu os malefícios dessa política e procurou eliminá-los com providências patrióticas, inclusive o Convênio Mundial de Café, cujas bases restauraram a liderança do Brasil no mercado mundial e estabilizaram a remuneração da mais importante fonte de nossa receita de divisas. Eis como o Sr. Jânio Quadros recebe o principal sustentáculo de nossa política de comércio exterior.

Os investimentos estrangeiros, que não ultrapassam 300 milhões de dólares entre 1951 e 1955, alcançaram, entretanto, cerca de um bilhão de dólares entre 1956 e 1960, tanto em espécie como em máquinas. Era o novo Brasil que os atraía, e não a simples existência da Portaria 113 da Sumoc. Se o progresso do Brasil dependesse só de leis, de portarias, instruções e bilhetes, certamente já seríamos o país mais desenvolvido do mundo. Na verdade, os incentivos estabelecidos pelo governo Kubitschek para o ingresso de fundos e a reinversão dos lucros, os planos de rápida expansão industrial e a garantia de livre remessa de capitais e seus rendimentos é que foram causas geradoras da confiança dos investidores externos na economia nacional.

Exemplo dessa confiança também ocorreu nos *swaps*. Terça parte do saldo de 355 milhões de dólares, deixado pelo Sr. Juscelino Kubitschek, tem opção para transformar-se em aplicação definitiva de capital no país. O restante equivale, em última análise, a um empréstimo cujas parcelas se resgatam até cinco anos de prazo, mas cujo total equivale de fato a um crédito a prazo indeterminado, porque rotativo, e sem ônus de juros para a União. Portanto, em matéria de *swaps*, a situação deixada pelo Sr. Juscelino Kubitschek é melhor do que a recebida em princípios de 1956. Devíamos, então, a esse título, 135 milhões de dólares, para resgate em um ano, na sua totalidade, como fez o ministro José Maria Alkmin, durante o correr de 1956.

Os atrasados comerciais com a Inglaterra, por sua vez, foram inteiramente pagos no qüinqüênio 1956/60, com isso restaurando-se o nosso crédito naquele país. A dívida externa em apólices foi reduzida de metade em relação a 1956.

Conforme demonstramos, os déficits cambiais, entre 1956 e 1960, foram, em média, 147 milhões de dólares, menores, pois, que os do qüinqüênio 1951/55, isto é, 215 milhões. Para cobri-los, não foi necessário agravar a posição devedora recebida em janeiro de 1956. O crescimento de nossa dívida externa total, também como mostramos, localizou-se exclusivamente nos compromissos registrados na Sumoc para desenvolvimento econômico.

O precioso relatório elaborado pelo ministro Sebastião Paes de Almeida e entregue ao Sr. Clemente Mariani, em janeiro último, revela que a posição cambial de tais compromissos cresceu de 500 milhões de dólares, em 31.12.1955, para 1 bilhão e 500 milhões de dólares, em 31.12.1960. Há, portanto, um crescimento líquido de 1 bilhão de dólares, ou seja, 50% do que foi registrado pelas autoridades monetárias no período. Isto quer dizer que, ainda uma vez: o Sr. Juscelino Kubitschek pagou, no tocante à parte em moeda estrangeira, metade dos recursos levantados para o Programa de Metas.

Tal é a situação externa.

Internamente, em 1956, as Finanças Públicas ainda eram registradas pelo velho refrão: subestima-se a despesa e superestima-se a receita, para ocultar os déficits. Naquele ano, o desequilíbrio orçamentário, vamos repeti-lo, seria quatro vezes maior que o de 1955. A estrutura fazendária era obsoleta e desajustada à fase de progresso que se desejava imprimir. Adveio em conseqüência a Lei de Tarifas Aduaneiras, para proteger o nosso trabalho industrial e reaparelhar as alfândegas. Os impostos de renda, de selo, de consumo foram aperfeiçoados e simplificados, incidindo à base de critérios seletivos estimuladores da capitalização e desestimuladores dos desperdícios.

O resultado é que, em 1960, a receita federal arrecadada, de 233 bilhões de cruzeiros, superou em Cr$ 53 bilhões a verba orçada pelo Congresso. Nessa proporção de crescimento, a receita federal em 1961, estimada em Cr$ 247 bilhões, deverá ultrapassar – se não sobrevierem fatores artificiais de recessão – a casa dos Cr$ 300 bilhões. Vê-se, claramente, que o déficit quatro vezes maior de 1956 não contou com as possibilidades atenuantes com que conta o déficit de Cr$ 236 bilhões, anunciado para 1961. Aliás, muito estimaríamos que o Sr. Ministro da Fazenda explicasse ao Congresso Nacional as parcelas orçamentárias e extra-orçamentárias que compuseram tal estimativa. Tenho a convicção de que, ponderados os excessos dessa previsão para 1961, o déficit da União, no fim deste ano, não equivalerá ao dobro do de 1960.

Quanto ao sistema bancário, basta atentar para o seguinte: apenas 1% de capitais e reservas de todos os bancos e sociedades de crédito, financiamento, investimento, corresponde, hoje, a estabelecimentos em situação irregular. Quão diferente, pois, do panorama crítico de 1955, com corridas e falências que tanto prejudicaram as economias gerais do povo e abalaram o crédito bancário!

Em linhas fundamentais, tanto interna como externamente, eis a situação econômico-financeira transferida ao Sr. Jânio Quadros. Indiscutivelmente, melhor do que a recebida pelo Sr. Juscelino Kubitschek em 1956. Melhor no setor financeiro; incomparavelmente muito melhor sob o aspecto econômico.

Seria ocioso enumeramos agora o extraordinário acervo de realizações reprodutivas e de infra-estrutura econômica, como rodovias, usinas de energia elétrica, siderurgia, química de base, transportes, etc. conquistado durante o patriótico governo do Sr. Juscelino Kubitschek. Seria ocioso, também, repetirmos aqui o balanço das metas, cuja evolução o povo brasileiro acompanha atentamente. Entretanto, a síntese que coroa toda essa grandeza está registrada nas estatísticas insuspeitas da Fundação Getúlio Vargas. Segundo essas estatísticas, o crescimento do Produto Interno Bruto acusou índices recordes no qüinqüênio 1956/60. Nos anos 1957 e 1958 esses índices foram de 9,4% e 7,2%, os mais altos já apurados até hoje, enquanto o de 1955, de 3,9%, foi, até hoje, o mais baixo.

Eis, em resumo, o nosso país, antes de Juscelino Kubitschek e durante o período em que ele ocupou o poder.

Nada há que justifique essa batalha que o governo empreende contra a administração econômico-financeira do governo anterior, e muito menos o pessimismo com que se procura impregnar a alma brasileira. Se deseja o governo que o Brasil sinta a realidade, que lhe exponha a realidade. E esta só dará ao povo motivos para manter o sadio otimismo em que viveu durante cinco anos.

As distorções da verdade podem impressionar por algum tempo; não são perenes. A verdade há de prevalecer um dia, e muito antes do que supõem os atuais detentores transitórios do poder.

Reexamine o governo a maneira de julgar aquele que o precedeu. Que se volte para o passado, sim, mas também para dele extrair o que de efetivamente útil – e não foi pouco – se fez em prol do progresso deste país.

O povo brasileiro espera do Sr. Jânio Quadros o cumprimento de sua promessa feita durante a campanha presidencial: de que prosseguiria na obra de desenvolvimento nacional em que incansavelmente, hora a hora, dia a dia, se empenhou o Sr. Juscelino Kubitschek.

Todos confiamos em que o Sr. Jânio Quadros não leve o Brasil ao retrocesso, ou à estagnação. O povo não o quer, nem o admite.

Hermógenes Príncipe

Anexo 4

A DEFESA DE JK

Defesa de JK, em processo movido contra ele pelo governo revolucionário, em 17 de setembro de 1969, quase dez anos após ter deixado a Presidência da República.

A cópia da sua defesa me foi enviada com a nota manuscrita pelo próprio Juscelino.

"Um Presidente do Conselho de Ministros viu-se já forçado a apresentar nesta tribuna o inventário de seus bens: creio que não serei obrigado também a isto (apoiados)...

....

Não se atiram infundadamente proposições desta ordem contra um homem perfeitamente conhecido - no País, e que não tem o menor receio de que se - proceda à mais rigorosa autópsia de seu passado - (apoiados).

Luiz Alves de Lima e Silva

(Palavras proferidas pelo Duque de Caxias no Senado do império na sessão de 19/8/1861 - Anais do Senado, 1861, Tomo 3, página 158).

Rio – 17 – 9 – 69

Meu caro Hermogenes,

Peço-lhe a fineza de ler, pelo menos, os dois primeiros capítulos: "Palavras de Confiança e Verdade dos Numeros."

Grato – Abraços
Juscelino Kubitschek

PALAVRAS DE CONFIANÇA*

Sôbre os aspectos legais e jurídicos dêste processo, meus advogados falarão por mim. Sinto-me, porém, no dever de precedê-los com algumas palavras.

Vejo-me, nesta altura da vida, compelido a explicá-la mais uma vez - vida que tem sido menos minha do que de meu país, porque se confunde com um período longo de sua história, e tão ostensivamente pública, que se tornaria desnecessário recapitulá-la. Limitar-me-ei, assim, a traçar aos que quiserem relembrá-la e à Nação, o que é do conhecimento geral.

Fui telegrafista, médico, professor de medicina, prefeito. Por eleição, deputado, governador de Estado, Presidente da República, senador. Trabalho, sem descanso ou interrupção, há mais de quarenta anos. E agora me é exigida/ justificação para a procedência dos bens que possuo.

Êsse patrimônio, acumulado em tôda uma vida, vem durante os últimos cinco anos sendo investigado, sopezado, devassado em seus mínimos pormenores, na busca vã de rastros de operações ilícitas ou irregulares. Até hoje, o acervo de meus bens não representa mais do o normal da economia de qualquer indivíduo dotado de um mínimo de previdência.

Em 1955, antes de assumir a Presidência da República, já exercera com êxito, por dezessete anos, minha profissão de médico. Fôra prefeito de Belo Horizonte, governara o meu Estado natal, havia sido deputado federal. Possuia, então declarado, um patrimônio de 5 mil cruzeiros novos, contra 2 mil de dívidas contraídas.

---

* Reprodução fiel ao original.

Em 1962, como senador e ex-Presidente da República, o patrimônio e as dívidas se emparelhavam: um e outras eram de 30 mil cruzeiros novos.

Há dois anos, em cumprimento de exigências legais procedi à reavaliação dos meus bens e verifiquei que o patrimônio em causa se estimava em 650 mil cruzeiros novos. A título de exemplo, basta lembrar que dois apartamentos que comprara trinta anos antes, pelo equivalente nominal de 200 e 400 cruzeiros novos, em números redondos, valiam já respectivamente 150 mil e 200 mil cruzeiros novos.

Jamais supusera, nos momentos mais conturbados de minha vida, que tivesse algum dia de dar tantas explicações sôbre tão pouco. Mas, na medida em que me são exigidas, mais do que nunca concordo em dá-las porque elas são contingências de todos os homens públicos, que sempre tiveram e terão que explicar-se não apenas a seus adversàrios, não apenas a seus amigos, não apenas a seu povo como um todo, mas sobretudo à sua própria consciência.

Cassaram-me mandato eletivo e direitos políticos. Tiraram-me o fôro especial de ex-Presidente da República. Fui obrigado a exilar-me e fui proscrito da vida pública. Agora, em processo cujo conhecimento me foi negado, sou intimado a defender-me em têrmos que prefiguram um julgamento.

Mais uma vez agradeço a Deus ter-me poupado ao sentimento do ódio. Não o tive como presidente. Não o tenho agora. Morrerei sem êle.

Mais do que nunca me compenetro, por conhecimento íntimo de causa, de quanto o Poder é efêmero e transitório. E o ódio também. Sei bem quanto os governantes têm de ser superiores e sensatos nos seus julgamentos, pois o seu cotidiano está sendo averbado no tribunal da História, que é inapelável, mesmo quando tarda. Consola-me, acima de tudo, saber que o Poder se transfere e passa, mas que o Brasil fica e ficará.

A investida do Brasil para o desenvolvimento - sustentei-a com amor, devoção e sem desfalecimentos. Era o que de melhor poderia eu dar ao povo da minha Pátria e a minha Pátria mesma. As estradas construídas aí estão sendo continuadas. As hidrelétricas plantadas são hoje fonte de energia vital para o nosso trabalho produtivo. Brasília consolida-se, abrindo um imenso leque de progresso no coração do Brasil. A indústria naval iniciada lança em nossas águas seus navios. Os automóveis aqui feitos multipicam-se por todos os nossos quadrantes. O otimismo e a fé que incentivei nos brasileiros são hoje a sua grande esperança e a certeza quanto ao nosso destino e ao nosso futuro.

Perante Deus e perante minha consciência, que a Êle devo, sei que já dei à minha Pátria tudo quanto lhe pudera dar; sei também que dei o que de mim os amigos em fé patriótica e os inimigos em zêlo partidário poderiam esperar, pedir ou exigir. Considero cumprida a minha missão; não temo o julgamento dos meus concidadãos, não temo o julgamento da História, antes, pelo contrário, perante ela me apresento de alma limpa. Mas é perante Deus, acima de tudo, que me ponho, de consciência tranquila.

A provação que agora expio é mais um tributo / que pago à Nação, a cuja grandeza dei tôda a minha vida.

É triste para o país ver um seu antigo mandatário, quase dez anos depois de findo o seu govêrno, defender-se de libelos embuçados no segrêdo de um processo sigiloso. Não o faço por vaidade, por orgulho, por amor próprio. Nem ape nas pela preservação do meu nome, do nome de minha família, da imagem que deixarei na História da minha pátria. Há uma motivação muito mais importante. É que a vida dos cidadãos investidos do supremo mandato político se confunde, durante o seu período, com a vida da própria nação. É na defesa disso, de tudo o que se fêz no meu quinquênio de Govêrno, de tudo o que faz hoje o orgulho do Brasil e dos brasileiros, pelo que representou de coragem renovadora, de fé nos nossos destinos, é na defesa disso, dêsse patrimônio de confiança de um país em si mesmo, que aceito hoje a provação que me é imposta.

Mercê de Deus, estou seguro de que vencerá a verdade.

Rio de Janeiro, gb, 1º de agosto de 1969

Juscelino Kubitschek de Oliveira

Anexo 5

Impressões de uma viagem à Polônia e à URSS (1959)

Polônia

Partimos para Varsóvia, em 26 de agosto de 1959, do aeroporto de Berlim Oriental, que não nos deixou boa impressão: pobreza de instalações, serviços deficientes. Aí encontrei os deputados Herbert Levi e Aurélio Viana, bem como o jornalista Reinaldo Ribeiro, do *Correio da Manhã*, que seriam meus companheiros na última etapa da viagem.

A Varsóvia chegamos às 20 horas do dia 26: após rápido percurso de ônibus (20 minutos) chegamos ao Grande Hotel, onde encontramos os demais membros da delegação brasileira à Conferência Parlamentar. O Grande Hotel, sem ser de luxo, apresenta boa média de instalações e serviço.

Ao caminharmos para o Edifício da Dieta (Parlamento), onde se realizaria a abertura da 48ª Conferência Interparlamentar, pudemos observar, com funda emoção, até onde fora a catástrofe que se abatera sobre Varsóvia durante a última guerra. Apesar do esforço da reconstrução, ainda pudemos observar diversos edifícios destruídos, incendiados, e outros com vestígios de estilhaços de artilharia. Varsóvia foi ocupada pelos nazistas desde setembro de 1939 até meados de 1945. Ao se iniciar o contra-ataque dos Aliados em 1945, foi a capital polonesa quase completamente arrasada em conseqüência de operações entre poloneses revoltados e alemães. A paisagem de hoje ainda é um testemunho dessa luta tremenda.

Cada ruína é um testemunho de heroísmo do povo polonês; ainda mais grave nos parece a falta imperdoável das forças soviéticas, que insuflaram o povo a lutar pela liberdade, mas não vieram em socorro dos que travavam essa luta sobre-humana e assistiram, à distância, impassíveis, à destruição da Capital e à morte de milhares de poloneses. Quando cessou a resistência nazista é que os pretensos "exércitos libertadores" vermelhos ocuparam Varsóvia, instalando governo próprio e esbulhando os direitos dos que haviam combatido pela liberdade de sua pátria. Exemplo vivo, recente, que só os cegos (os piores, aqueles que não querem ver...) não haverão de ver.

A Dieta polonesa recebeu os delegados estrangeiros com ambiente festivo, tendo seu edifício todo adornado com as bandeiras dos países membros – edifício confortável, com instalações modernas e excelente acústica no plenário. A Conferência ofereceu sempre o aspecto das reuniões cosmopolitas, com a mistura das línguas e o pitoresco dos trajes exóticos. Mais numerosas eram as delegações norte-americana e soviética: não podiam, assim, evitar os conhecidos duelos (com a conhecida terminologia e o eterno jargão de propaganda...) durante os trabalhos. A União Soviética não esmoreceu um segundo sequer no consumo exagerado da palavra "Paz"; mas, num ambiente de tal natureza, ao observador imparcial ocorre logo que os dois grandes blocos dominadores da situação internacional deveriam entregar-se a algo mais concreto do que simples a escaramuças verbais.

A delegação brasileira apresentou dois trabalhos interessantes, muito discutidos e aprovados por unanimidade, um de autoria do deputado Herbert Levi, de assunto econômico, e outro do deputado Adauto Cardoso, sobre propaganda de guerra.

Os trabalhos da Conferência duraram oito dias, sem anormalidade: em conjunto, há que reconhecer que contribuíram para fortalecer a amizade entre os povos e a causa do entendimento entre as nações.

Os assuntos de caráter econômico tiveram especial voga: as nações subdesenvolvidas reclamando maior atenção das nações poderosas, em atmosfera de aplausos gerais. Os assuntos políticos – nações escravizadas e oprimidas, regiões ainda em estágio colonial, o desarmamento –

foram amplamente discutidos. Surgiram moções decisivas de apoio ao movimento de liberação dos povos escravos e de adesão unânime à causa do desarmamento.

Em resumo, se a Conferência nada de prático pode realizar, já que suas conclusões são deferidas às Nações Unidas, é positiva sua contribuição à obra da consolidação da verdadeira democracia mundial, pela reafirmação dos princípios de amor à liberdade.

Como vive o povo polonês

A Polônia tem vivido sempre, através dos séculos, na condição de terra de ninguém, à mercê da cupidez dos povos vizinhos mais poderosos, principalmente o russo e o alemão, que impedem a terra gloriosa de Chopin gozar de independência e autonomia. Poucos países terão mudado tanto nos atlas, e cada mudança, cada partilha, foi uma nova fase de sacrifício para esse nobre povo.

Vivendo hoje no recesso da Cortina de Ferro, a Polônia suporta o impacto político e econômico da União Soviética, com um governo que segue o figurino comunista, gozando de autonomia apenas aparente. Gomulka, o Chefe do governo (esteve ausente de Varsóvia durante a Conferência), conseguiu melhoras na situação, conforme nos disseram poloneses com quem mantivemos conversação em relativa intimidade; e, desde a sua ascensão ao poder, depois da revolta polonesa e do afastamento do Marechal Rokossowsky, desafogou algo da opressão policial característica da presença soviética.

O povo polonês é simpático e comunicativo, além de muito trabalhador. Seus hábitos tradicionais são ocidentais. É o povo muito religioso.

Importa registrar que, após o advento de Gomulka, passou a vigorar uma "coexistência pacífica" entre o governo e a Igreja Católica. O cardeal Wyszynski goza de real prestígio popular e é política evidente do governo manter boas relações com ele. Querer converter um povo de profundas raízes religiosas ao materialismo ateu da noite para o dia seria obra impossível: a massa religiosa perseguida constituiria um foco constante de agitação, que impediria o progresso nacional e poria em perigo a estabilidade política do regime.

Creio que a liberdade religiosa existente na Polônia é imposta pelas inquebrantáveis convicções católicas do povo. As igrejas funcionam normalmente, e vi pelas ruas numerosos padres e freitas católicos.

Em minha visita à bela cidade de Cracóvia, cheia de monumentos e obras de arte, com museu antiquíssimo, igrejas maravilhosas (como a Catedral de Pedro e Paulo, com seu portentoso altar e sua lenda dramática), o magnífico castelo do século XV (sede e residência dos antigos reis poloneses, usado durante o último conflito mundial como residência e Quartel General do Comando das Forças alemãs de ocupação), senti a mesma impressão de simpatia transmitida pelo povo de Varsóvia.

Em Cracóvia, visitamos uma monumental usina siderúrgica, com a produção de *dois milhões de toneladas* de aço e marchando para *cinco milhões*.

Próximo à cidade de Cracóvia, está a vila de Auschwitz (50 km), onde se localizou o maior campo de concentração construído pelos nazistas. Não se pode visitar o local sem sentir uma profunda emoção – emoção que abate e oprime. Todos conhecemos os horrores que ali se praticaram: ali foram martirizados e mortos mais de dois milhões de indivíduos, inclusive milhares de crianças. As câmaras de gás e os fornos crematórios, para onde eram enviados ainda vivos lotes de centenas de infelizes, ainda lá existem, testemunhando para as gerações futuras os abomináveis crimes ditados pela ambição coletiva e pelo mito da superioridade racial.

Comércio e Indústria

A Polônia reconstrói-se rapidamente. A produção cresce de maneira vertiginosa. Creio que, se tivesse maior *independência econômica*, sua produção seria mais expressiva e seu progresso mais notável ainda.

O polonês é inteligente, engenhoso e está empenhado de corpo e alma na reconstrução de seu país.

O *standard* de vida do povo, nos setores de habitação, alimentação, vestuário, não nos pareceu satisfatório. Observa-se isso em todos os países que estão por detrás da Cortina de Ferro e nos quais a preocupação imediata é hoje alcançar em tempo recorde uma alta produção industrial e agrícola, mesmo com o sacrifício de certos padrões mínimos de conforto para a população. O preço é realmente elevado.

Os agricultores deram-nos a impressão de viver em melhores condições que os homens da cidade. Os campos estão bem cultivados, e é um prazer contemplar os camponeses poloneses, em seus trajes típicos, trabalhando a terra, como o fizeram tantas gerações no passado.

Comércio com o Brasil

Na região de Stettin, onde se constróem navios mercantes para o Brasil a preço de sacas de café, o ambiente é ativo, de permanente animação.

Ressalte-se, por ser importante, que na Polônia se bebe muito café e que esse consumo aumenta, sobretudo depois da última operação de troca, que barateou o produto e facilitou a aquisição popular. O Brasil goza, no momento, de amplas oportunidades para estabelecer-se com comércio de trocas, não só de café, mas de outros produtos, que a Polônia pode pagar com os artigos de suas indústrias. As condições para esse intercâmbio são altamente favoráveis às duas nações.

URSS

Partimos de Varsóvia num rápido avião soviético turbo-jato com capacidade para 120 pessoas e chegamos a Moscou, onde ficamos no Hotel Ucrânia, majestoso edifício de mais de trinta andares e mais de mil quartos. A recepção no aeroporto foi festiva e algo aparatosa: do campo até o hotel viajamos 40 minutos numa estrada de rodagem de primeira classe.

É difícil chegar a Moscou sem preconceitos: para nós seria impossível pisar na chamada Capital do socialismo sem experimentar emoção. Moscou é uma cidade moderna, com largas avenidas e belos edifícios. Mas o que impressiona logo é a arquitetura tipicamente oriental e o majestoso Kremlin. As ruas são impecavelmente limpas. O tráfego pouco intenso de automóveis e trólebus explica-se, em parte, pelo magnífico serviço de metrô da cidade.

A verdade é que, conhecendo os trens subterrâneos de Nova York, Londres e Paris, ficamos realmente maravilhados com a magnificência das instalações do metrô de Moscou: as estações de Moscou e de Leningrado são verdadeiras obras de arte.

Constrói-se uma nova cidade nos arredores de Moscou, com milhares de apartamentos, para onde serão transferidos os órgãos do governo.

Chama a atenção o trabalho da mulher da URSS. A mulher participa virtualmente de tudo, desde o serviço de limpeza urbana à direção de bondes; do trabalho das barbearias ao serviço pesado com pás e picaretas nas escavações.

O *standard* de vida do povo deixa a desejar. A qualidade do vestuário não é boa. A aquisição de gêneros alimentícios não é fácil. Vêm-se, em todos os pontos da cidade, longas filas de donas de casa com suas sacolas à espera da vez para comprar o necessário para a alimentação familiar.

Tal situação ocorre porque a União Soviética se dedica de preferência à linha leninista de desenvolvimento da indústria pesada. E a conversão da URSS numa grande potência industrial caracteriza-se por mudanças radicais experimentadas na estrutura dos fundamentos básicos do país. E ainda há que se levar em conta que, nos quarenta anos de existência do regime soviético, quase a metade correspondeu a guerras.

A última guerra causou danos materiais consideráveis à URSS. Apresentemos alguns dados: 1.710 cidades e povoações destruídas e incendiadas, total ou parcialmente; mais de seis milhões de edifícios destruídos e mais de 25 milhões de pessoas sem abrigo; 31.850 fábricas, entre grandes e pequenas, destruídas; 65.000 km de linhas férreas e 4.100 estações ferroviárias destruídas; sacrificaram-se e enviaram-se à Alemanha por volta de 7 milhões de cavalos, 17 milhões de cabeças de gado, 27 milhões de ovelhas e cabras. E, *last but not least*, há que se considerar a perda de vidas humanas: cerca de 15 milhões.

A URSS tem uma população de 200 milhões; do total, *três quartas partes* são indivíduos nascidos e educados na vigência do regime soviético.

O país dispõe de todas as condições para resolver, pela emulação econômica pacífica, sua tarefa fundamental econômica: alcançar e sobrepujar, em prazos historicamente curtos, os países capitalistas mais desenvolvidos na produção por habitante. A URSS ocupa hoje o primeiro lugar na Europa e o segundo no mundo pelo nível da produção industrial.

A coletivização da agricultura foi um dos problemas mais difíceis da revolução proletária. Mas os *kolkoses* e os *solkoses* hoje existentes parecem atender ao sistema econômico socialista de forma decisiva. Foi poderosa a impressão que nos causou um *kolkoz* dos arredores de Kiev, na Ucrânia.

Os *kolkoses* são estabelecimentos de regime cooperativista: seus membros são os donos da terra e vendem sua produção ao Estado, que fixa o preço de compra. Os *solkozes*, por sua vez, são fazendas do Estado, que pagam salário a seus agricultores. Os dois sistemas funcionam com alto rendimento econômico.

Uma das mais fundas preocupações da URSS é a de elevar incessantemente a produtividade do trabalho com a criação de uma intelectualidade técnica fabril no país.

Eletricidade

A potência atual das centrais elétricas da União Soviética é de 45 milhões de kW. Só a central elétrica de Kuibichev gera cerca de dez milhões de kW/h. Sua potência é de 2.010 mil kW e a capacidade de produção supera a da central mais potente do mundo, a do Grande Coulee, nos Estados Unidos. Existe uma linha de circuito duplo entre Kuibichev e Moscou, de 400 mil volts de tensão e cerca de 900 km de comprimento.

Adquire proporções gigantescas a construção de usinas elétricas. Estão em instalação: a hidrelétrica de Bratsk, com 3.600 mil kW; a de Stalingrado, com 2.310 mil kW; a de Novossibirsk, com 400 mil kW; a de Brytarmá, com 435 mil kW, e outras menores. Além das centrais termelétricas, executa-se também a construção de potente centrais elétricas nucleares.

Petróleo

A produção soviética de petróleo eleva-se a cerca de 85 milhões de toneladas. Extraem-se dos poços de jorro 64% do petróleo, 35% com ajuda de bombas e compressores. O aproveitamento do gás natural de xisto betuminoso tem crescido de forma extraordinária.

No Brasil, só agora se cuida de aproveitar a riqueza do xisto...

Indústria pesada

A União Soviética é o segundo país do mundo em produção siderúrgica, vindo logo depois dos EUA. Hoje, funde-se mais ferro na União Soviética do que na Inglaterra, na França e na Bélgica juntas. A criação de grandes empresas metalúrgicas tem provocado um rendimento superior – e a preços de custo muito inferiores – ao das pequenas e médias empresas.

O desenvolvimento da indústria pesada tem assegurado aumento constante da produção de artigos de consumo popular, inclusive alimentos.

Florestas

A União Soviética é o país mais rico em florestas do mundo. É de cerca de 722 milhões de hectares sua área florestal. Sua indústria florestal está, hoje, altamente mecanizada.

Construção civil

Criou-se na URSS uma poderosa indústria de construção para cumprimento de vasto programa de obras. Essa indústria conta com quadros fixos de operários, com equipes de máquinas e aparelhos de alto rendimento.

Transportes

A URSS é, hoje, pelo volume do tráfego de cargas, a primeira potência ferroviária no mundo. Viajamos de trem de Moscou a Leningrado e pudemos observar o intensíssimo tráfego existente. O trem, sem ser de luxo, era confortável; o estado de conservação da linha era ótimo.

Foram eletrificados no regime soviético 6.400 km de linhas férreas.

O emprego de máquinas nos serviços de carga e descarga nas ferrovias eleva o rendimento e alivia o trabalho, reduz a estadia do material rodante, acelera a entrega das cargas e diminui os gastos com transportes.

As fronteiras marítimas da URSS têm mais do dobro da extensão das fronteiras terrestres. O litoral soviético é banhado por dois oceanos e quatorze mares. A frota marcante marítima completa-se com modernos navios. A União Soviética terá, em breve, o primeiro quebra-gelos atômico do mundo.

A rede fluvial soviética é a maior do planeta, assegurando-se a passagem de barcos de grande calado até centros industriais, Moscou, Rostov e outros. Também cresce o transporte automóvel. Os carros são de carroceria simples, mas a aparência não é má. Não dispõem de buzinas: as cidades russas não são barulhentas.

Extraordinário é o desenvolvimento da aeronáutica. Viajamos no TU 204 de Leningrado a Kiev (Ucrânia) e no TU 104, mais veloz ainda, de Kiev a Moscou, numa velocidade de cerca de mil km por hora.

O uso de oleodutos desenvolve-se em ritmo extraordinário. A extensão total da rede de oleodutos é de cerca de 12 mil km.

As comunicações têm enorme importância e, hoje, sua rede conta com moderníssimos aparelhos impressores e fototelegráficos.

Exposição industrial e agrícola de Moscou

Essa exposição é uma amostra poderosa do extraordinário desenvolvimento da nação: impossível percorrê-la direito em menos de uma semana, tal a *variedade* dos produtos que apresenta. Os pavilhões são monumentais: cada República soviética tem seu pavilhão próprio.

O pavilhão de técnica eletrônica é maravilhoso e nele se apresentam os modelos do Sputnik e do Lunik.

A exposição está situada num parque e é servida por numerosos pequenos motociclos para três e quatro pessoas, que facilitam a movimentação dos visitantes. Os jardins e as fontes são de gracioso efeito. Há milhares de visitantes todos os dias: habitantes de todas as Repúblicas soviéticas e estrangeiros em número crescente.

O objetivo psicológico da exposição é visível: mostrar o que foi feito, estimular o povo a prosseguir em seu esforço, mesmo com o sacrifício de seu bem-estar, em arras da grandeza da União Soviética.

Objetivo maior: ultrapassar os Estados Unidos

Existe em todos os pontos que percorremos na União Soviética – exposições, fábricas, fazendas coletivas, universidade, institutos de pesquisa – um sentimento de emulação com os países ocidentais, principalmente os Estados Unidos. É verdadeira obsessão o desejo de ultrapassar os Estados Unidos em todos os setores. Não pode disfarçar esse sentimento o Sr. Kruchov, em visita aos Estados Unidos: em todos os pontos que visitou declarou que, em pouco tempo, a União Soviética também se equipararia à América, ou a ultrapassaria...

Em seu discurso de janeiro de 1959, perante o Partido Comunista, já dizia Kruchov: *"Nós, nos países socialistas, tanto pela extensão territorial como pela população e as riquezas naturais, já superamos os países imperialistas"*. E, discursando em junho do corrente ano, declarava: *"Ficando inflexivelmente fiéis à nossa doutrina revolucionária, estamos certos de que amanhã nosso país será o primeiro do mundo"*. Para concluir: *"O cumprimento do plano setenal elevará nosso país a tal altura que ninguém mais duvidará das grandes vantagens do comunismo sobre o capitalismo caduco"*.

Educação

A Universidade de Moscou está situada num majestoso edifício que abriga 25 mil estudantes. As salas de aula e os apartamentos estudantis são de bom aspecto.

O ensino é levado muito a sério. A seleção vestibular é rigorosíssima. Nos demais ciclos da Universidade, os alunos não precisam mais fazer exames, pois seu aproveitamento é apurado rigorosamente e de forma contínua no decorrer dos próprios estudos.

Diplomam-se anualmente mais de sete mil engenheiros, nos diversos ramos profissionais; técnicos de outras profissões, aos milhares.

Os institutos científicos são organizações modelares: ninguém no mundo moderno pode mais duvidar de sua eficiência...

No Kremlin e na Praça Vermelha

O túmulo de Lenin e Stalin, na Praça Vermelha, é visitado diariamente por milhares de pessoas, que formam extensas filas de mais de um quilômetro de comprimento – filas que, disseram-me, persistem mesmo no rigor do inverno. Os dois mortos estão deitados um ao lado do outro, em câmaras de vidro separadas. A conservação é extraordinária, sobretudo a de Stalin, que estávamos acostumados a conhecer pelas fotografias, com seu bigode encorpado e a farda de marechal. Lenin oferece-se com perfeição idêntica. O culto à sua pessoa na URSS é extraordinário: em todas as salas públicas que visitamos há o busto ou o retrato de Lenin. Já Stalin parece esquecido: hoje, o retrato de Kruchov ocupa o lugar do antigo líder...

O Kremlin é majestoso. Visitamo-lo demoradamente. Suas igrejas hoje são museus, como quase todos os templos da União Soviética. Na sede do governo e na sala de sessões do *Soviet Suprem* podem sentar-se 1.300 deputados.

São magníficos os museus de Kremlin, as coleções de quadros, de objetos de arte, de vestuário, as carruagens da era czarista e do predomínio dos dignitários da Igreja Ortodoxa russa. Tudo deslumbra pela beleza. O fausto em que viviam a aristocracia e a classe eclesiástica deveria contrastar duramente com a miséria do povo.

Indaguei de nosso intérprete se o Chefe do governo residia no Kremlin e recebi em resposta uma vaga negativa.

O local em que viveu Lenin no Kremlin, após assumir o governo, é conservado fielmente e a simplicidade da vida do ilustre líder causa admiração e respeito.

Moscou: coisas da vida cotidiana

As lojas de Moscou são pobres, comparadas às das cidades ocidentais. Nada interessa ao turista estrangeiro adquirir nelas. As mercadorias são de qualidade inferior e ali apenas se pode ter o espetáculo humano, especialmente a presença de mulheres em busca de artigos de adorno, tão escassos.

O serviço hospitalar, numa visão superficial exterior que tive (em companhia de amigos da embaixada argentina) do maior hospital de Moscou, não nos pareceu de boa qualidade. Informaram-me de que são deficientes os serviços e as instalações.

Assistimos em Moscou a um espetáculo de circo, em pavilhão permanente, sem o aspecto provisório dos nossos pavilhões improvisados: números de grande beleza e originalidade, tanto para crianças como para adultos.

O ponto alto de Moscou é o balé. No Teatro Bolshoi, que impressiona pela beleza rica, assistimos à *Fonte de Scheherazade*. Cenários esplêndidos: continua ímpar a eminência do balé russo. Teatro lotado, mas impressionava a simplicidade de trajes dos espectadores.

Leningrado

Chegamos o Leningrado depois de uma viagem noturna de trem. Excelente hotel, tão bom como qualquer outro do Ocidente.

Cidade de rara beleza, com avenidas e ruas largas, monumentos em profusão, admiráveis museus, foi construída sobre o delta do Rio Neva: é toda cortada de pontes, o que lhe dá um aspecto pitoresco, tão caro aos que conhecem Recife. A Catedral de Santo Isaac, com sua torre dourada, pode ser vista de toda a cidade.

Foi fundada por Pedro I – o único czar admirado pelo povo russo, por ter sido o criador da Grande Rússia em suas conquistas. Tem o nome de Lenin – e foi nela que se desenrolou a maior parte das atividades revolucionárias do fundador do Partido Comunista e do Estado Soviético.

Leningrado atingiu um alto grau de desenvolvimento econômico: conta com grande número de institutos de pesquisa científica, escolas superiores, laboratórios, teatros e museus, maravilhosos tesouros de arte.

A antiga cidadela de São Petersburgo foi fundada como um bastião para a defesa da bacia do Báltico. São Petersburgo, Petrogrado – a fortaleza de Pedro e Paulo, levantada para defender a cidade dos suecos –, tem em seu interior a Catedral de Pedro e Paulo.

A Avenida Kirova é uma bela avenida e atravessa a cidade até a Praça da Revolução.

O Smolny é o berço da Revolução de Outubro. Aí foram assinados os primeiros decretos do governo soviético.

O Palácio de Inverno é uma obra grandiosa, em estilo barroco. É o maior e mais suntuoso edifício de São Petersburgo: cada uma de suas quatro fachadas tem uma característica original. Após a Revolução de Outubro, repartiram-se nas salas do Palácio as peças do Museu de Ermitage. As coleções expostas são dos maiores mestres da pintura, da escultura antiga, da porcelana, da cristaleria, da joalheria, etc.: mais de dois milhões de peças, expostas em 322 salas. A seção dedicada às civilizações primitivas apresenta objetos do período paleolítico.

As seções de arte da Europa Ocidental ocupam mais de 120 salas. A Renascença italiana é representada por obras como a *Madona de Benois*, a *Madona Litta*, de Leonardo da Vinci, a *Madona Connestabile* e a *Sagrada Família*, de Rafael. No centro de uma sala ornada de frescos italianos autênticos do século XV, está colocado o *Menino recém-nascido* de Michelangelo. Há obras de Ticiano, Veroneso, Tintoreto e outros mestres italianos. A coleção de arte espanhola do século XVI e XVII é enorme: Velázquez, notadamente o *Repasto* e o retrato *O conde-duque de Olivares*, que revela a crueldade e a perfídia do ministro de Felipe IV, Zurbarán, Ribera, Murilo. As escolas flamenga e holandesa têm lugar de honra na arte ocidental do século XVII: há 22 quadros e desenhos de Rubens, entre outros a *Homenagem a Ceres*, a *Aliança da Terra e da Água*, *Baco* e outras. A coleção de Rembrandt é a mais rica do mundo: *Danaë*, a *Descida da cruz*, a *Desgraça de Amã*, a *Sagrada Família* e *A volta do filho pródigo*.

O Palácio de Inverno contém, ainda, o Museu Puchkine, com dezessete salas em que se honra o maior poeta russo.

O Edifício do Almirantado se destaca pela arquitetura: sua fachada é decorada com 56 grandes estátuas.

Leningrado fez parte do *front* no último conflito mundial. Teve numerosos edifícios arruinados pela artilharia, perdeu milhares de habitantes. A fome e o frio, durante mais de dois anos, não abateram a resistência de seus defensores.

Não longe do *front*, sobre o gelo do Lago Ladoga, uma via de acesso foi assegurada: "a rota da vida". Apesar dos bombardeios, a circulação aí não se interrompeu jamais. Em janeiro de 1943, o bloqueio foi rompido e, um ano mais tarde, as salvas do triunfo celebraram a liberação completa de urbe. O comandante responsável por essa "rota da vida" foi um dos nossos hospedeiros e nosso cicerone na visita à cidade, sendo membro proeminente do governo local.

Visitamos o Stadium, bela praça de esportes à margem do Báltico, e lá assistimos a um jogo de futebol entre russos e tchecos; venceram os russos, por 3 x 2. O público era numeroso, entusiasta, vivando ou apupando os jogadores, pedindo em coro a substituição de elementos deficientes. Quando havia *gol*, não soltavam foguetes, como no Brasil, mas lançavam ao ar globos coloridos de borracha – ambiente, afinal, que pouco difere do nosso. Antes de começar o jogo, um grande quadro luminoso anuncia a constituição das equipes; durante o jogo, marca os tentos lavrados.

Percorremos em Leningrado uma grande fábrica de sapatos (sapatos horríveis, em toda a União Soviética). Não tivemos boa impressão da maquinaria, antiquada; não nos pareceu boa a alimentação dos operários. Chegamos no momento em que alguns setores observavam intervalo para almoço: alimentação frugal, constando de pão com uma mistura que não identificamos. Posteriormente, indaguei do diretor da fábrica (os diretores são sempre os secretários da cédula comunista das fábricas) quantas calorias recebia o operário para sua alimentação, considerando-se sobretudo as condições climáticas do país (sete meses de frio intenso por ano). Ele respondeu que "nunca tinha cuidado do assunto". A explicação chocou-me: no estendal de maravilhas técnicas e surpresas, na coleção de Sputniks e de engenhos eletrônicos, a revelação foi uma ducha fria. Não espanta que gente mal alimentada produza sapatos tão feios!

O povo de Leningrado pareceu-nos mais comunicativo que o de Moscou. Leningrado é porto de mar, tem mais contato com estrangeiros. Fomos abordados na escada rolante do belo metropolitano da cidade por um grupo de jovens que nos pediu autógrafos, perguntando-nos a que país pertencíamos. Havia alegria simpática em suas faces: um encontro que muito nos sensibilizou.

Kiev

Num avião a jato chegamos a Kiev, Capital da Ucrânia, onde nos receberam as mais altas autoridades dessa República. Kiev, quase totalmente destruída pela ocupação alemã, está praticamente reconstruída. E é cidade dinâmica. Leningrado lembrou-nos Recife; Kiev nos fez pensar em nossa Porto Alegre.

Quando saímos à rua, um grupo de garotos nos solicitou moedas e selos brasileiros. Com que pena deixamos de satisfazê-los: não tínhamos moedas nem selos do Brasil!

A Feira Industrial e Agrícola da Ucrânia é também monumental. Apresenta-se aí uma produção regional que espanta, mesmo a quem tudo espera das famosas terras negras ucranianas, com mais de um metro de espessura de húmus.

Visitamos uma central atômica em fase final de construção e o centro de pesquisas físicas nucleares anexo. Mesmo a nós, leigos, deixaram impressão profunda.

A Academia de Ciências e seu Centro de Pesquisas (salientem-se os estudos sobre órgãos artificiais) são notáveis. Assistimos ali a diversas experiências com cães, a cargo de destacados cientistas, cuja atuação é conhecida no mundo inteiro.

O desenvolvimento da Ucrânia é extraordinário; no setor industrial e no agrícola não fica atrás. Visitamos um *kolkoz* (cooperativa agrícola) e pudemos observar a forma organizada e rigorosamente controlada por que se desenvolve o trabalho.

Visitamos a casa de um *kolkhoziano*, e a visita nos deixou boa impressão. Mas não sabemos se todas as casas são iguais...

Jantamos no edifício do *Soviet* local, com seu presidente e os ministros (todas as pastas): reunião agradável, com numerosos discursos. Muitos oradores, aliás, se apresentavam em todas as reuniões. Desta vez, foi de nossa velha e querida Bahia que nós nos lembramos.

Em uma fábrica metalúrgica, que nos causou excelente impressão, manifestou-se o interesse dos operários em conhecer o modo de vida dos operários brasileiros.

A Igreja na URSS

A Igreja Católica tende a desaparecer na URSS – com mágoa sentimo-lo em nossas observações. Estivemos numa igreja católica em Moscou, onde ainda se pratica o culto, e assistimos à Missa. A freqüência era pequena e compunha-se apenas de pessoas de mais de sessenta anos. Os jovens eram todos estrangeiros. Os velhos russos eram de formação religiosa anterior à Revolução de 1917.

Dentro de dez ou vinte anos, não haverá praticamente mais católicos na União Soviética. Aliás, a Rússia nunca foi católica; sua religião dominante foi ortodoxa. Mas é triste recordar que os desmandos e o fausto de certos dirigentes ortodoxos contribuíram muito para que o regime czarista explodisse.

Regresso

De Kiev regressamos a Moscou. Três dias depois, partíamos para Londres.

Conclusões

Relações entre o Brasil e a URSS

Encontramos da parte de todas as autoridades com quem mantivemos contato – elementos do mais alto gabarito, como o Senhor Alexander Bolkhov, vice-presidente do *Soviet Suprem*, que nos ofereceu um jantar especial – o maior interesse no reatamento de relações comerciais diretas com o Brasil.

Falou-nos Bolkhov, francamente, da possibilidade de intercâmbio comercial, incluindo café, cacau, açúcar, fibras e outros produtos brasileiros em troca de petróleo e produtos manufaturados da União Soviética. Reconheceu que o consumo de café é pequeno no país, mas que, com o barateamento do produto – em conseqüência de maiores compras diretas ao Brasil e não pelo comércio triangular atual, que o encarece –, o consumo da rubiácea poderia crescer em ritmo lento, mas seguro. Tomar café é um hábito e, se o produto for de aquisição fácil, seu consumo avultará.

Sobre o café, quero observar: o preço do produto colombiano na URSS é de 28 rublos por quilo; o brasileiro, de 26 rublos. Considerando-se que o câmbio é de 4 rublos por dólar, o preço do café brasileiro sai a mil cruzeiros por quilo. Quem pode adquiri-lo por esse preço? Não o operário (o grosso da população), cujo salário mínimo é de 1.500 rublos mensais.

Queremos chamar a atenção para o seguinte: faz-se atualmente na URSS uma grande campanha contra o uso de bebidas alcoólicas, pela imposição de pesadas taxas e pela cominação de fortes penalidades aos alcoólatras. O café, sendo bebida mais estimulante que o chá, pode ganhar popularidade crescente num país de clima extremo como a Rússia.

Em prolongados contatos que mantive com os embaixadores da Argentina, México e Uruguai na URSS (especialmente o primeiro), obtive informações sobre a atual estrutura de intercâmbio comercial.

A Argentina tem hoje um intercâmbio anual com a União Soviética da ordem de 20 milhões de dólares – intercâmbio pequeno, mas há que levar em conta que as possibilidades comerciais da Argentina são limitadas, pois são poucos os produtos de exportação que o país está em condições de oferecer à URSS. O adido comercial argentino em Moscou (há cinco anos na URSS) conhece bem a situação. Indaguei dele se não existe o risco de a União Soviética realizar grandes compras e, depois, revender as mercadorias fora de seu mercado, provocando queda de preços. Com certa veemência, o adido argentino retrucou que os soviéticos jamais o fariam, por questão de prestígio político. Venderiam, no máximo, a países-satélites, mas não aos de fora de sua órbita. Creio que se trata de informação digna de acatamento, pois é fruto da experiência.

Quanto ao açúcar, os russos acabam de adquirir uma grande partida a Cuba, mas alguém me disse parte desse produto seria brasileiro, pois a produção cubana caiu em decorrência da revolução de Fidel Castro.

Os soviéticos demonstram grande interesse em torno do cacau, das fibras e de outros produtos tropicais, de que realmente carecem.

Sentimos que os russos estão dispostos a tomar qualquer posição que facilite o reatamento de relações comerciais.

O Brasil ignora a presença da URSS no mundo

Desconhecer, como hoje desconhecemos, a poderosa União Soviética é o mesmo que querer tapar o sol com a mão. O mundo caminha para uma era de convivência pacífica, ou de pacífica coexistência, como se diz no jargão internacional. Os acontecimentos recentes indicam-no sem contestação: visita de Nixon à URSS, visita de Kruchov aos Estados Unidos, próxima visita de Eisenhower à URSS, com todas as providências daí conseqüentes, de real efeito para o desafogo da situação mundial.

Que faz o Brasil para acertar o passo com essa tendência mundial? Há apenas algumas iniciativas de caráter cultural, científico e artístico;

mas pouco se poderá fazer, em proveito nosso, com as temporadas de circo, de balé e com as mostras de artes plásticas; quem ganha mais com isso é a propaganda soviético-comunista.

Deu-nos pena que, entre os milhares de visitantes da Exposição Industrial de Moscou, não houvesse algumas dezenas mais de brasileiros. Dá-nos pena que o Brasil continue a conhecer a Rússia apenas por "ouvir dizer", através de vidros nem sempre dignos de inteiro crédito.

Dá-nos pena que, em nossa terra, se contem nos dedos aqueles que saibam russo, os que possam ler as revistas técnicas soviéticas ou que estejam em condições de acompanhar de forma direta o que se diz, o que se faz e o que se pensa da URSS em setores que imediatamente nos dizem respeito.

Apesar das restrições que pesam sobre o intercâmbio cultural soviético com o exterior, os russos sabem mais do Brasil que nós deles. Não posso me esquecer da pergunta que um turista me fez na Exposição de Moscou, diante de um estande de construção civil:

— O Brasil é um país feliz, que ainda pode dar aos seus arquitetos e urbanistas uma chance global, como a construção de uma nova Capital no meio da selva.

— Como foi que soube disso? – indaguei dele.

— Pelo meu filho, que é estudante de Arquitetura e está muito interessado na matéria.

Algumas sugestões

· *Ensino da língua russa*

É imperativo que se inicie no Brasil, em escala crescente, o ensino da língua russa. Os núcleos pioneiros desse ensino poderiam instalar-se na Universidade do Brasil, na Escola Superior de Guerra, no Instituto Superior de Estudos Brasileiros e no Instituto Rio Branco (para diplomatas). Não se pode continuar a tratar a língua russa no Brasil como se fosse o aramaico ou o sânscrito.

· *Cursos de assuntos soviéticos*

Os mesmos institutos acima citados poderiam realizar cursos de extensão a respeito de temas políticos, sociais, econômicos e culturais russos, por mestres brasileiros e estrangeiros insuspeitos.

· *Viagens de instrução*

Já passou a época de se entregar o conhecimento direto, visual, concreto da União Soviética apenas aos criptocomunistas, aos inocentes úteis e aos militantes velhos que participam de Congressos de Paz, de Juventude, de Cultura, etc. Há que se organizar viagens de grupos, por setores, aos principais centros soviéticos, para que seus componentes, membros de uma elite civil e militar, possam assenhorear-se da realidade russa em termos práticos. Para isso, já disporiam dos cursos de língua e de assuntos soviéticos acima referidos. Seria útil que as turmas da Escola Superior de Guerra pudessem realizar tais viagens – sem contar com diplomatas, parlamentares, engenheiros, médicos e técnicos de diversos setores.

· *Trocas comerciais*

O Brasil poderia negociar com a União Soviética a troca de escritórios comerciais permanentes, com *pessoal de igual número* para encaminhamento de operações comerciais diretas. O pessoal brasileiro seria escolhido pelo Banco do Brasil, de comum acordo com o Itamarati.

Anexo 6

Política de controle da natalidade

A importância do planejamento familiar na política social, econômica e seu reflexo na segurança pública

Planejamento familiar I

É infinitamente doloroso assistir à morte de milhões de seres humanos em todo o mundo, vítimas da miséria e da fome. Estou plenamente convencido de que, sem uma inteligente e sensata política de controle da natalidade, os esforços desenvolvidos na distribuição de milhões e milhões de dólares em alimentos e ajuda humanitária, nem mesmo o perdão de dívidas, jamais chegarão a resolver em plenitude o alastramento da fome e das doenças que assolam as populações pobres de nosso planeta.

Assistimos, tristes e constrangidos, nas telas da TV, a milhões de mulheres e crianças famintas da África e de outras regiões superpovoadas do mundo, que são subjugadas por doenças que muito dificilmente serão erradicadas, tais como a hepatite C, a malária e, mais modernamente, as epidemias da Aids e do vírus Ebola, que continuarão a crescer se não for incentivado o controle da natalidade, além de assustarem as nações ocidentais desenvolvidas pelo contágio que podem suscitar.

Também no Brasil, acompanhamos de perto o sofrimento e a dor de tantos que poderiam estar a salvo se tivéssemos estruturado uma campanha séria e objetiva para atenuar, pelo menos, as despesas de muitas famílias carentes, carregadas de filhos que não poderão criar e educar, fabricando os contingentes de crianças abandonadas que perambulam mal alimentadas pelas ruas, assustando a maioria da população ordeira e trabalhadora.

As nações mais civilizadas do mundo adotam políticas de controle de natalidade e a própria China, justificando-se pela superpopulação que detém, chega a lançar mão de métodos extremos que jamais adotaríamos. Alega-se, também, que o Brasil não pode adotar regras claras de controle de natalidade por ser a maior nação católica do mundo. No entanto, mesmo que se reconheça que a Igreja Católica é contra essas medidas, a miséria e a fome são por demais evidentes para que não se procurem soluções desse tipo, que amenizem a desgraça de milhões de seres humanos que, nascidos e desamparados, fazem crescer a onda de injustiças e crimes que a todos assusta. A própria Igreja é contra o divórcio, mas ele aí está, solucionando muitos problemas familiares, e é um instituto jurídico adotado em muitos países civilizados.

Com maiores recursos provenientes de menores despesas com deficiências e males que podem ser evitados, com toda a certeza poderemos dar aos menos afortunados melhores condições de vida, com melhores salários e boa seguridade social, aliviando-lhes, assim, do tormento do dia-a-dia da vida.

Não é de estranhar que muitos políticos populistas sejam contra o controle da natalidade, já que as massas incultas e pobres cevam as suas eleições com muitos votos... De minha parte, defendo, com profunda convicção, que temos de adotar diversos métodos, clinicamente aprovados, para evitar a gravidez de quem possa gerar filhos sem a devida assistência pré-natal. É bom ressaltar que não se está propondo um controle de natalidade impositivo, mas que se deve conduzir o homem e a mulher a práticas que as bem-nascidas usam naturalmente, estabelecendo o próprio planejamento familiar.

Reforçando tais idéias, citamos o recente relatório produzido para a Organização Mundial de Saúde – OMS por um grupo de economistas presidido pelo famoso economista Jeffrey Sachs, professor da Universidade de Harvard, na defesa de um grande esforço para disseminar as dádivas da saúde, melhorando a vida das pessoas mais pobres do mundo. Na verdade, saúde precária e morte prematura não são fontes de sofrimento só para as vítimas, mas também para os que as amam e dela dependem.

Diz então o relatório: "pessoas saudáveis trabalham melhor e com maior produtividade e cuidam dos seus filhos até a maturidade. Se os pais esperam ter filhos saudáveis, procriarão menos e investirão mais em cada um deles". Diz, ainda, que países com mortalidade infantil abaixo de vinte óbitos para cada grupo de mil nascimentos têm média de 1,7 nascimentos para cada mulher, enquanto países com taxas de mortalidade infantil acima de cem óbitos têm média de 6,2! Concluindo os seus argumentos, o relatório Sachs diz que "os afortunados que nascem nos países ricos têm uma responsabilidade maior sobre os desgraçados do mundo, e o interesse é reagir perante o seu infortúnio".

Não quero considerar, estribado nessas sólidas percepções, que o planejamento familiar seja uma solução fundamental e única a ser executada pelas autoridades de governo. Que é uma das mais importantes, disso eu não tenho a menor dúvida. Aliás, não pretendemos criar nenhum paraíso, porque outros males existem – como o abuso do álcool, as drogas, a hepatite C, as doenças transmissíveis e até agora incuráveis –, mas confiamos que tais males serão um dia debelados com o desenvolvimento da ciência. No entanto, maiores gastos em assistência hospitalar e segurança devem ser implantados por um governo presidido por um homem com espírito de estadista e que olhe pelas futuras gerações.

É penoso e triste ver diariamente dormindo embaixo de marquises, nos parques, nas praças, até nos canais de esgoto das cidades, dezenas, centenas de miseráveis, mães e filhos que, ainda na infância, passam por tanta pobreza e desgraça. Com o planejamento familiar, no entanto, poderemos aliviar centros de saúde, hospitais, prisões e albergues de tantos coitados "que não pediram para nascer" e que são castigados por imenso sofrimento.

A revolta e a amargura desses deserdados da sorte os incentivam ao crime, que cometem muitas vezes sem sequer avaliar o mal que estão fazendo àqueles que, naturalmente, não são culpados por suas desgraças. Como nunca tiveram família, são criados no abandono, sem conhecer carinho nem amor, que os mais afortunados recebem de seus pais. Conseqüentemente, a vida para eles tem pouca valia, não importando que matem ou morram, já que a sociedade não lhes prodigalizou as justas oportunidades. As perdas de suas vidas e de outros pouco representam, já que não sabem avaliar, como os que têm família, a ausência, a saudade dos entes queridos que perderam a vida, muitas vezes por um valor mínimo e desprezível a ser roubado. Além disso, matam-se também entre si, em lutas e disputas que a sociedade organizada não reconhece e repudia. Infelizmente, o destino da maioria desses jovens infratores é a morte prematura ou a cadeia...

Como conseqüência dessa situação humana degradante, o panorama da segurança pública em nossas cidades piorou por demais, tornando-se, na atualidade, um dos problemas mais graves para o povo brasileiro. Uma pesquisa realizada por uma TV no Rio de Janeiro para indicar os principais problemas dos bairros cariocas demonstrou, cabalmente, que o que mais aflige é a sensação de insegurança, que conduz a população ordeira a clamores alarmistas. Os idosos já não podem sair de suas casas, ir a bancos, viajar de ônibus ou fazer caminhadas para a preservação da saúde, já que são as vítimas preferidas dos assaltantes. Do mesmo modo, os motoristas não disfarçam a angústia em ter de parar em sinais de trânsito, a partir do anoitecer, com medo de assaltos e seqüestros. Tais sinais são evidentes de que algo deve ser feito para preservar a população trabalhadora dessas aflições, infelizmente típicas de nossas grandes metrópoles.

Mesmo diante desse quadro terrível, que clama por mudanças imediatas, é preciso coragem e determinação para implementar uma política sã de planejamento familiar que contribua para minorar aqueles males e contemple vários métodos, cujos benefícios advirão para todos. É incrível, pois, que a mesma sociedade, tão sensível à mitigação dos males dos deserdados da sorte, não tenha ainda iniciado uma forte campanha de controle da natalidade em nosso país.

Alegam, certos setores, que controlar a natalidade poderia nos levar à falta de braços para o dia-a-dia do trabalho, o que é plenamente negado pelo avanço da tecnologia, que aumenta a produtividade diminuindo empregos, principalmente dos menos qualificados. Essa tendência verifica-se nas cidades, para onde a migração humana é bem maior, e já se apresenta nos campos, por conta da introdução dos processos intensivos de produção na agricultura.

A tecnologia cresce no preparo da terra, das sementes, das plantações, das colheitas, da armazenagem e do transporte. Ela dispensa mão-de-obra, então, os trabalhadores desqualificados dirigem-se para as cidades à procura de meios para sobreviver. Os braços, por conseguinte, aí estão, inchando as cidades e outras regiões que não adotaram critério algum de controle da natalidade. Processo semelhante ocorre em países ricos, em que milhões de latinos, asiáticos e outros suprem a falta de braços para as tarefas menos especializadas, para os trabalhos mais duros e desprezíveis que os nativos não querem aceitar.

Por tudo o que foi dito, cremos que a distribuição de pílulas anticoncepcionais é um método altamente valioso, que pode a princípio parecer caro, mas que, se computarmos as despesas posteriores, é altamente benéfico ao bem-estar social da população brasileira. Os custos advindos de sua distribuição gratuita serão viabilizados pela economia obtida nos setores de saúde e segurança pública.

A vasectomia, por seu turno, é um método de controle de natalidade que cabe ao homem decidir, assim como deve ficar ao livre-arbítrio da mulher a ligadura de trompas. Nesse sentido, a campanha pelo planejamento familiar deve ter um caráter educativo e de esclarecimento para todos, sem nenhuma medida forçosa ou coercitiva.

A população carente, além de não possuir nível de instrução suficiente para se precaver da gravidez, não detém recursos para adquirir os anticoncepcionais. No entanto, admitir que tais produtos são caros – o que inviabilizaria sua distribuição – é prova de miopia política, por ser muito mais caro e complicado custear a gravidez, o parto e o nascimento de prematuros das populações de adolescentes das classes sociais mais pobres. Os bebês, nascidos dessas adolescentes, terão de ter atenção especial de suas mães, que, por sua vez, não têm maiores conhecimentos sobre o valor da amamentação natural e, muitas vezes, não podem prever os males pré- e pós-parto que daí advêm.

E o que dizer das despesas decorrentes dessas situações nas maternidades e nos postos de saúde públicos? E, ainda mais, os problemas decorrentes da alimentação, criação e educação desses recém-nascidos pobres, como eles serão administrados com os evidentes déficits de creches e recursos financeiros para sustentá-los? As despesas não seriam maiores do que distribuir gratuitamente as pílulas anticoncepcionais? Seriam porventura maiores do que as despesas havidas com postos de saúde, hospitais, prisões e o aumento de forças policiais para a segurança pública?

O que realmente ocorre de pior é que essas crianças e adolescentes, residentes em áreas carentes, sofrem as investidas dos vícios e dos viciados, o que eleva substancialmente os gastos já imensos com a segurança pública. À medida que crescem esses indivíduos, tais problemas se agravam, tornando-se cada vez maior o contingente de crianças que não freqüentam as escolas e perambulam pelas ruas sem instrução e trabalho honesto.

Os efeitos da distribuição de pílulas e outros anticoncepcionais começarão a dar resultados um ano após a aplicação de um programa para esse fim. O número de abortos e partos prematuros vai aos poucos diminuir e, seguramente, os partos naturais e induzidos serão mais bem atendidos. A menor procura em postos de saúde e maternidades públicas aliviará, por extensão, a carga excessiva de trabalho sobre estas instituições, permitindo melhor acompanhamento para outros males, que geram filas, infortúnios para os doentes e queixas constantes dos pacientes. Em conseqüência, o corpo clínico, médicos, enfermeiros e auxiliares terão mais tempo para atender aos doentes, mediante diagnósticos e tratamentos ainda mais precisos. Por sua vez, os diretores e chefes dessas instituições de saúde, passando a ter menores despesas, poderão redirecionar verbas para adquirir equipamentos e medicamentos, que auxiliarão no tratamento de outros doentes.

À medida que os bons resultados dessas providências forem aparecendo, a população ficará mais satisfeita e as críticas, hoje feitas, serão reduzidas. Em poucos anos, veremos a repercussão das políticas de planejamento familiar em outros setores, com verbas podendo ser redirecionadas para a alimentação e a educação de crianças e adolescentes, que sofrem sem culpa pela falta de assistência.

Acredito que, além do poder público, muitas instituições particulares contribuiriam também para esses objetivos, já que terão efeitos também sobre os serviços de segurança, reduzindo despesas e permitindo que a população reconheça o acerto de tais medidas. A oposição só poderá advir dos mal-intencionados ou daqueles que se eximem habitualmente de lutar pelo bem comum. Sabemos, no entanto, que o mal não deixará de existir, porque ele faz parte de mentes doentias, mas o bem não deixará de prevalecer, sempre e sempre...

O Brasil deve assumir, em definitivo, sua relevância no cenário econômico e social da humanidade, e muitas outras medidas devem ser implementadas tendo em vista alcançarmos um desenvolvimento mais harmônico que amenize os sofrimentos dos mais pobres e permita uma qualidade de vida melhor para todos.

É preciso que surja um estadista que olhe o amanhã, o nosso futuro, e que derrube sem medo os obstáculos que sempre amedrontam os homens públicos, não sensíveis à constatação de que as delongas para as reformas agravam sempre o destino dos mais pobres.

Como afirma o Evangelho de São Mateus (13,12): "A quem tem será dado ainda mais, mas daqueles que não têm, será tirado até o pouco que têm...".

GRAVIDEZ
Pílula é pouco conhecida

<small>Associated Press
de Washington</small>

Embora aprovada há cerca de quatro anos pelo governo norte-americano, a pílula do dia seguinte — usada na prevenção da gravidez indesejada seguida de sexo sem proteção — é desconhecida por muitas mulheres e poucos médicos falam dela como uma opção existente. O uso amplo desse método contraceptivo de emergência pode evitar milhões de gestações acidentais e centenas de milhares de abortos, informa o grupo de defesa dos direitos das mulheres intitulado National Abortion and Reproductive Rights Action League.

Opositores como a Igreja Católica condenam a pílula do dia seguinte porque impede o óvulo fertilizado de se alojar no útero. "É um tipo de aborto de uma criança, cuja vida começou na concepção", diz Judie Brown, presidente da American Life League.

Anualmente, são registradas 6 milhões de gestações indesejadas nos Estados Unidos. A metade acaba sendo interrompida por meio do aborto. "O aumento no uso da pílula do dia seguinte pode reduzir os casos de gravidez acidental, e, com isso, cortar o número de abortos em 50%", diz o professor de Princeton, James Trussell, especialista em reprodução.

Gazeta Mercantil, 14.5.2002.

Planejamento familiar II

Ao concluir essas análises e sugestões sobre o planejamento familiar, fui surpreendido com as propostas do presidente americano George W. Bush, aconselhando como solução para o grave problema a abstenção sexual e a separação de meninas e meninos nas salas de aula das escolas primárias e de ensino médio.

As propostas são, na minha opinião, irrealistas e sem a menor objetividade, e, o que é de admirar, vindas da mais rica e poderosa nação da terra, que demonstra não estar suficientemente informada da responsabilidade do seu governo ante as terríveis ameaças, tais como a miséria, a fome, as doenças transmissíveis, a segurança pessoal e coletiva, que atingem e atingirão, mais ainda, grande parte da humanidade, caso providências urgentes não forem adotadas para o estabelecimento de um programa de planejamento familiar.

Considero puro e inocente apresentar, nos dias de hoje, a abstinência sexual como solução ao problema, tendo em vista a liberdade sexual praticada em todos os países civilizados, o uso de trajes sumários, em especial nos países tropicais, que servem como um convite permanente à atração sexual, e o uso do anticoncepcional, tão comum na nossa sociedade e que levou a mulher moderna a controlar um dos maiores obstáculos do passado – a gravidez não desejada. Essa pureza e inocência me fazem lembrar que nem Adão resistiu aos encantos e às tentações de Eva e comeu a maçã no Paraíso Celestial.

Os Estados Unidos, com sua forte liderança em todos os organismos internacionais, incluindo a ONU, a que se liga a Unicef para atender à infância, têm a responsabilidade de lutar em conjunto com os demais países ricos, além daqueles que são donos das maiores parcelas do produto mais comercializado do universo – o petróleo –, nessa campanha que tem a maior significação e relevância para a vida e o bem-estar de toda a humanidade.

Os nossos políticos agem com muita cautela, preocupados em não atingir o eleitorado católico da maior nação católica do mundo – o Brasil. Esquecem, porém, que as desgraças sofridas por todo o povo são muito maiores e que a própria Igreja não poderá permanecer insensível aos apelos que virão para evitar o sofrimento cada vez maior dos mais humildes, naturalmente os mais atingidos pelo terrível flagelo da pobreza e da miséria.

O divórcio, que sofreu uma tenaz oposição dos católicos fervorosos, acabou sendo instituído, trazendo para uma multidão de famílias a tranqüilidade e a paz.

Não desejo estender as minhas considerações sobre a matéria, mas o nosso Brasil precisa encará-la com a seriedade que merece. A nossa imensa área de fronteiras torna quase impossível a sua vigilância, transformando-se em uma porta aberta para a entrada de imigrantes ilegais – não só dos nossos vizinhos empobrecidos, cada vez mais numerosos, como também de outras regiões do mundo, através da nossa imensa costa marítima –, que buscam trabalho e melhores condições de vida.

Os resultados das últimas eleições na Europa (Itália, França, Áustria e Holanda) evidenciaram a gravidade do problema, considerando que os nativos desses países estão defendendo o seu mercado de trabalho e o seu *modus vivendi*. Os Estados Unidos, depois dos funestos atentados de 11 de setembro de 2001, dificultaram ainda mais a entrada de imigrantes. Essas correntes imigratórias legais e ilegais tenderão a se dirigir para a América Latina, em especial para o Brasil, que com uma economia em desenvolvimento apresenta melhores condições para que comecem uma nova vida.

É triste para nós observarmos o desespero daqueles que, fugindo dos seus países, especialmente da Europa Oriental, depois da derrocada do regime comunista, encontram leis e regulamentos que impedem o prosseguimento honesto e livre de suas vidas. No entanto, temos que atentar para o fato de que a nossa estrutura econômica e social precisa defender, no atual estágio em que vivemos, em primeiro lugar, o trabalho e a vida dos nossos patrícios.

Gostaria de destacar que governar não é tarefa fácil e que é preciso muito trabalho e espírito público para vencer as dificuldades que surgem a cada momento, sem ferir direitos e optando sempre pelos brasileiros. Assim, continuo prosseguindo, tendo fé em Deus e cultivando a esperança de que as novas gerações viverão num mundo melhor e mais justo.

DADOS INTERNACIONAIS DE CATALOGAÇÃO NA PUBLICAÇÃO (CIP)
(CÂMARA BRASILEIRA DO LIVRO, SP, BRASIL)

Príncipe, Hermógenes
　　Luz e trevas nos tempos de Juscelino: Análises e propostas para a atualidade brasileira / Hermógenes Príncipe; prefácio Pedro do Coutto. – São Paulo : É Realizações, 2002.

　　1. Brasil - História 2. Kubitschek, Juscelino, 1902-1976 I. Coutto, Pedro. II. Título.

02-4251　　　　　　　　　　　　　　　　CDD-320.092

ÍNDICES PARA CATÁLOGO SISTEMÁTICO:
1. Políticos brasileiros : Biografia e obra 320.092

Este livro foi impresso pela Ipsis Gráfica e Editora para É Realizações Ltda., em agosto de 2002. Os tipos usados são Agaramond e Courier New. O papel do miolo é chamois bulk dunas 90 g para o texto, couché fosco 115 g para as fotos, e cartão supremo 250 g para a capa.